生态文化论文集

杨国清 主编

图书在版编目(CIP)数据

生态文化论文集 / 杨国清主编 . -- 北京：当代中国出版社，2020.5

（丽江文化系列丛书）

ISBN 978-7-5154-0995-5

Ⅰ.①生… Ⅱ.①杨… Ⅲ.①文化生态学－研究－丽江 Ⅳ.① G127.743

中国版本图书馆 CIP 数据核字（2019）第 296580 号

出 版 人	曹宏举
责任编辑	姜楷杰
责任校对	康 莹
责任印务	刘艳平
装帧设计	创想一二
出版发行	当代中国出版社
地　　址	北京市地安门西大街旌勇里 8 号
网　　址	http://www.ddzg.net　邮箱：ddzgcbs@sina.com
邮政编码	100009
编 辑 部	（010）66572264　66572154　66572132　66572180
市 场 部	（010）66572281　66572161　66572157　83221785
印　　刷	北京润田金辉印刷有限公司
开　　本	720 毫米 × 1020 毫米　1/16
印　　张	16.25 印张　1 插页　182 千字
版　　次	2020 年 5 月第 1 版
印　　次	2020 年 5 月第 1 次印刷
定　　价	56.00 元

版权所有，翻版必究；如有印装质量问题，请拨打（010）66572159 转出版部。

丽江文化系列丛书编委会

顾　问　崔茂虎　郑　艺　何玉兰　木崇根
主　任　杨国清
副主任　陈嘉勋　李群育　和丽军
编　委　和　湛　杨树高　和红阳　杨林军　张育根
　　　　李之典　杨其昌　白　浩　王　颖

主　编　杨国清
编　辑　和卫芳　王　颖　曾昆安　余建洋　李耀煌
　　　　杨金山　姚国军　和文友

目 录

杨国清 | 丽江生态文明建设之我见 / 001

杨国清 | 生态文化引领 绿水青山永驻 / 010

李群育 | 生态丽江与建设长江上游生态安全屏障 / 021

和　湛 | 乡愁（一）：放鹰归林 / 050

和　湛 | 乡愁（二）：城南旧话 / 061

和　湛 | 乡愁（三）：古城记忆 / 081

张　信 | 最美最宜人类生活的天堂
　　　　——金沙江上游旅游开发前景研究 / 107

张　信 | 弘扬生态文明 共建绿色未来 / 116

杨桂芳 | 生态文明的内涵分析 / 123

杨桂芳 | 探索丽江生态文明建设的途径 / 134

杨桂芳 和　春 | 通过绿化建设提升丽江古城生态品位的思考 / 142

杨桂芳 张云孙 李继红 | 全域旅游背景下的花海经济与乡村旅游 / 149

杨桂芳 李抒捷 张云孙 | 绿色基础设施助推全域旅游发展的绿道
　　　　设计策略 / 160

和尚武 | 保护丽江生态 首要在于兴水 / 173

王德炯 和卫芳 | 待到清泉重涌时
　　　　　　——生态文明建设视野下的丽江坝区水资源保护 / 176
和慧军 | 弘扬民族生态文化　建设美丽幸福玉龙 / 187
和慧军 | 玉龙：乘势而上建设生态县 / 191
和秀琼 | 丽江：固本强基　发挥优势　争做国家生态文明建设排头兵 / 194
牛春兰 | 水韵山魄纳西情 / 200
和一兰 | 纳西族传统生态道德观的挖掘、传承和弘扬 / 204
和松阳 | 守护这一片青山绿水
　　　　——关于泸沽湖保护管理模式的几点思考 / 212
张珍萌 | 玉龙县林下经济发展现状及建议 / 218
张珍萌 | 玉龙县金沙江干热河谷区种植发展油橄榄的几点思考 / 222
和成钧 | 略谈丽江水环境的变迁及其对策 / 226
杨树高 | 丽江最早走向世界的是什么 / 234
杨树高 | 踏遍青山人未老　风景这边独好
　　　　——一位植物学家与新主天然植物园的 40 年情结 / 238
杨国清 | 努力建设长江经济带生态安全屏障 / 246

丽江生态文明建设之我见

杨国清

改革开放 40 年以来，丽江以独特生态文脉为根基，以生态文明建设为指针，结合实际，不断探索实践，逐步走出一条保护优先、绿色发展的特色之路，取得了显著成效。展望未来，丽江任重而道远，需要不懈努力，做到久久为功。

一

丽江在历史上就有着宝贵的民族优秀生态文化传统，敬畏自然、尊重自然、呵护自然，"人与自然是兄弟"的生态文明理念在人民群众中有着广泛的基础。改革开放初期，随着东巴文化研究机构的建立和东巴古籍文献的翻译整理，传统生态文化得到大力弘扬；加上丽江古城、东巴古籍文献、"三江并流"申报世界遗产获得成功，保护生态环境、保护民族优秀传统的认识更加深入人心。党和国家高度重视生态文明建设，20 世纪 80 年代就把保护生态环境作为基本国策，采取了一系列政策措施。丽江市各级党委政府结合实际认真贯彻落实这些政策措施，比如积极实施天保工程、植树造林、建设长江上游生态屏障，创建国家园林城市、卫生城市、节水城市、文明城市、生态环保模范城市,保护高原湖泊和水环境、遏制水土流失、防污治污,等等,把生态文明建设贯穿于经济建设、社会建设、文化旅游名市建设全过程,生态文明建设获得突出成效。

丽江是我国著名的林区,也是生物多样性突出的区域。20世纪60年代为支援"三线"建设,国家从东北林区调来精兵强将,先后在丽江建立了5个重点森工局、1个林业工程公司和金沙江水运局所属4个水运处,全地区四县和地直部门也先后建了10个国有森工企业,全地区共有15个国有森工企业8750多名职工,其中重点森工6430人、地方森工2320人,从事木材砍伐生产和加工经营活动,这在全国也是罕见的。这么多人在丽江砍伐森林二十多年,其间丽江累计为国家和地方提供商品木材2400万立方米,为国家经济建设作出了重大贡献。改革开放前,地方没有经济利益,改革开放后政策放宽,留给地方一些利益,增强了地方经济活力,于是丽江形成了木头经济、木头财政为主的格局。当时金沙江上游砍伐的木材抛入江中,到四川格里坪拦截打捞,源源不断运到内地,但砍伐过程中的浪费、打捞过程中的浪费也是十分惊人的,丽江和金沙江流域的森林资源遭到毁灭性的灾难。

1990年后,通过解放思想的大讨论,通过深化对区情的认识,围绕怎样走好丽江特色之路、优势是什么,选择什么样的战略性支柱产业,怎样抢抓机遇加快发展的问题,丽江不断探索实践,作出了正确的回答和明智的决策,即把旅游业作为战略性支柱产业,文旅结合、生态为根、文化为魂、旅游先导,带动经济社会全面发展。选择旅游业作为战略性支柱产业的好处在于生态环境代价小、广联度大、带动性强、辐射面宽、老百姓得实惠。

由此也带来了保护生态、保护民族文化、保护旅游资源的大转折。1994年10月，云南省人民政府在大理、丽江召开滇西北旅游规划会议，确立了"发展大理、开发丽江、启动迪庆、带动怒江"的发展步骤，而研究如何开发丽江则成为这次会议的重点。这次会议还制定了保护丽江、大理古城等历史文化、文物的措施，包括丽江古城申报世界文化遗产、"三江并流"区域申报世界自然遗产，同时把保护滇西北生态，保护金沙江上游的生态作为旅游业可持续发展的基础，决定撤销丽江黑白水林业局，停止砍伐滇西北地区天然林，滇西北森工企业分年度转产。这次会议后，丽江果断采取停伐天然林、实施封山育林等措施，把保护玉龙雪山、老君山和金沙江流域生态摆到重要位置，并将其作为文化旅游产业发展的基础和前提。实践证明，旅游业离不开优美的生态环境和灿烂的民族文化。

1998年，国家开始实施天然林资源保护工程（以下称天保工程），丽江市一区四县都纳入天保工程实施范围，丽江也成为国家实施天保工程的重点地区之一。1999年，朱镕基总理到丽江调研天保工程落实情况，并召开座谈会。天保工程的实施极大推动了丽江生态环境的保护，也推动了旅游产业的快速发展。1998—2017年累计完成天保工程投资29.84亿元，其成效显著，实现了经济、社会、生态效益同步发展。林业用地面积从工程实施前的2249.6万亩，增加到2017年的2523.15万亩，增加273.55万亩，增加率12.16%；森林面积从1997年的1621.2万亩，增加到2017年的2112.6万亩，增加491.4万亩，增加率30.31%；森林覆盖率从40.3%增加到68.4%，增长了28.18个百分点；活立木蓄积量从10440万立方米增加到11090万立方米，净增650万立方米；实现了森林面积和森林蓄积量双增长，森林资源从恢复性增长向质量提升转变。森林涵养水源、保持水土功能增强，水土流失、山体滑坡、泥石流等自然灾害得到有效遏制。现在森工企业实现职能的根本性转变，职工从原来的砍树人变成种树人、护树人，实现了从木材生产为主到生态建设为主的历史性转变。

丽江在以文化旅游作为主导产业的同时，着力发展生态产业、绿色经济，包括生物产业、水能产业、林下产业等等，做到产业生态化，生态产业化。首先结合天保工程，大规模植树造林，建设金沙江生态安全屏障。1998—2017年完成飞播造林65.22万亩，人工更新126.87万亩，人工造林60.2万亩，封山育林367.73万亩。1999年3月4日，玉龙雪山东南部甘海子与玉湖村之间发生森林火灾，经过4个季节的植树造林和多年恢复，这片面积14080亩的火烧迹地现已被茂密的云南松覆盖。白沙、甘海子一带通过植树造林，生态恢复良好。玉龙县从龙蟠到巨甸一百多里的金沙江沿岸，通过几十年的努力，人们种植柳树超过350万株，成为金沙江畔的绿色护堤，也是一道绿色美丽的风景线。

金沙江干热河谷区域，以前有些地方寸草不生，生态状况恶劣。通过国家扶持，广大村民努力实践，种植油橄榄、软籽石榴等获得成功，许多山区半山区还种植核桃、花椒、青刺果以及各种水果，玉龙县的雪桃、华坪晚熟芒果已形成品牌效应，区域生态状况得到很大改善。加上绿色食品、绿色中药材、绿色蔬菜、绿色水果等的发展，丽江已形成474万亩规模的生态产业基地，其中绿色水果60万亩、生态蔬菜53万亩、地道植物药材23.4万亩、高山花卉5万亩。生态建设中涌现出不少先进典型和个人，比如长江第一湾石鼓一线的种柳人，玉龙雪山自然保护区开展的生物多样性保护，玉龙县黑白水林业局万亩人工造林保护生态水源项目，丽江市直机关几十年坚持不懈义务植树活动，金稞庄园积极探索带动群众发展林下种植产业等等。生态产业的发展带来了经济、生态、社会等多方面的效益，广大群众得到实惠。1990年，云南省省长和志强到丽江调研时就明确提出"少砍木头多发电"的思路，丽江由此开始依靠金沙江水能资源的优势，着手谋划发展清洁能源，金沙江丽江流域国家规划有"一库八级"大型水电站，现已建成6级水电站，2017年总装机1376万千瓦，发电量为461.4亿千瓦时，已成为国家重要清洁能源基地，电能在生产生活中起到重要的替代作用，由此丽江森林资源的消耗也大为降低。

改革开放以来，丽江坚持保护优先的方针，着力保护生态、民族文化、旅游等资源，尤其党的十八大以来，在习近平新时代中国特色社会主义思想指引下，深入实施文化立市和生态立市、旅游强市、水能富市、和谐兴市、人才推动等战略，推动面向南亚东南亚桥头堡（辐射中心）、民族团结示范区、生态安全屏障、清洁能源基地、生态产业基地等方面建设取得长足进展。尤其在绿色发展、生态建设方面成效显著，在金沙江中上游建起了绿色生态安全屏障。这期间，丽江实现了由"木头经济""木头财政"为主向生态建设为主、发展旅游文化业为主的转变，森林资源从恢复性增长向质、量全面提升的转变，全市森林覆盖率已接近70%，金沙江沿线的玉龙县森林覆盖率已达74%；泸沽湖、程海、拉市海及金沙江等主要河流水质保持良好，尤其泸沽湖水质稳定保持Ⅰ类，湖水透明度从1998年的11米增加到2017年的12.1米，是我国水质最好的湖泊；全市空气质量优良，是全国空气质量最好的城市，其 PM2.5 值、负氧离子含量指标都是优质的。应该说，在党的领导下，域内各族人民通过改革开放 40 年的努力，使丽江天更蓝、地更绿、水更清、林更茂，江河、山川、河流、湖泊、森林、生物多样性等得到较全面保护，在生态建设方交出了一份满意的答卷。

二

改革开放 40 年来，丽江在生态建设方面有许多好的做法和经验，尤其是博大精深的优秀民族生态文化传统，始终贯穿生态恢复与建设全过程，很值得加以认真总结。其一，丽江在改革开放的新时期坚持解放思想、实事求是、敢为人先，实现思想认识上的突破，努力探索适合实际的发展路子，选择符合本地实际的发展重点和支柱产业。其二，丽江坚持保护优先、绿色发展的理念，不断增强保护的主动性和自觉性，把保护生态、保护民族文化、保护青山绿水作为可持续发展的根基、文化旅游支柱产业依托的根基。其三，丽江把弘扬"人与自然是兄弟"的民族优秀传统生态文化理念和现代生态文明理念相结合，大力弘扬优秀传统生态文化理念，并将其作为绿色发展的根脉和支撑，这也为生态文明建设增加了文化蕴含。其四，丽江对有关生态建设的各项政策措施狠抓落实、一抓到底，在实际工作中相关人员埋头实干、克服困难、排除干扰，使各项工作落到实处。其五，丽江各级干部在改革开放进程中，敬畏自然，呵护自然，敢为人先，勇于开拓，勇于担当，用实际行动带领各族人民共同投入生态保护和建设的进程中，不断开拓奋进。

丽江处在长江上游地区，又有金沙江流经全市 615 公里，对长江母亲河的保护作用举足轻重。保护母亲河是长期的任务，不可能一蹴而就。丽江在生态建设和母亲河的保护中还存在不少问题和困难，不容忽视。从市情的基本状况来看，丽江集老少边穷于一身，存在经济总量小，发展不到位、不充分，产业实力弱、结构不优，生态产业优势未得到充分发挥等明显问题，整体上基础设施、财政实力、社会事业、公共服务等短板较为突出。反映在生态建设上，丽江还存在以下问题：生产方式粗放落后、资源消耗大，生态产业优势发挥不出来；由于高山峡谷、山地为主，水土流失区域面积较大，生态基础还不牢固；由于财力不足，保护资金投入不足，防污治污项目不多；多数地区气候冷凉，植被生长缓慢，自然更替过程长，需要长期不懈努力；林农收入低，天保实施过程中，许多遗留问题亟待解决；等等。

三

实施长江经济带发展战略是国家的大战略。习近平总书记在深入推动长江经济带发展座谈会上指出：推动长江经济带探索生态优先、绿色发展的路子，关键是处理好绿水青山和金山银山的关系。生态环境保护和经济发展不是矛盾对立的关系，而是辩证统一的关系。生态环境保护的成败归根到底取决于经济结构和经济发展方式。他还指出，要使青山绿水产生巨大生态效益、经济效益、社会效益，要积极探索使青山绿水转变为金山银山的路径和方法。对丽江而言，坚持走生态优先、绿色发展之路，首先要破除那种把环境保护与经济发展对立起来的错误认识，树立起加快发展、增强经济实力才能更加有效持久地保护生态环境的思想意识。当务之急就是要更加主动自觉地融入国家长江经济带发展的大战略，在政策、资金、措施、项目等方面融入国家总体规划，让丽江的青山绿水、良好生态转化为经济优势、发展优势、产业优势，转化为金山银山。

丽江要努力争当生态建设排头兵，争取成为国家长江经济带生态安全屏障建设和长江生态保护先行实验示范区。要积极争取和落实国家对长江生态保护的若干政策措施的支持，尽力争取建立健全生态保护补偿机制。丽江等长江上游地区为保护生态作出重大贡献，国家已明确通过资金补助、转移支付、产业转移、对口扶持、人才培训、共建园区等形式进行支持，但目前生态补偿机制和政策措施落实还不够到位，还需要积极争取落到实处。

长江经济带建设要惠及广大群众，促进老百姓脱贫致富。长江中上游丽江等地（金沙江沿线）居住着16个世居少数民族，他们总体上还比较贫困，需要通过多方面的扶持和帮助，尤其通过扶持发展产业改变面貌。这几年丽江市在金沙江流域干热河谷地区种植油橄榄、软籽石榴、花椒等经济林果获得成功，有些县发展雪桃、芒果形成优势产业，有些地方种植物药材经济效益显著。总之，有许多成功的经验和做法，既有良好生态效益，也产生较好的经济效益，并使老百姓得到实实在在的利益，要认真加以总结推广。

要继续提升森林覆盖率，不留死角，尤其在水土流失较严重的区域，在陡坡地，要继续改善生态状况。要提升森林城市建设水平，增加城镇绿地面积，城镇周边也都要绿起来。要保护面山、保护水源、保护河道，把丽江市尽快建成国家生态环保模范城市。在高原湖泊和湿地保护方面要有作为，在恢复周边植被、环境整治、防污治污等方面要重拳出击、铁腕治理。要积极论证和争取实施一批生态环保建设项目。

要努力建设有规模的绿色食品、植物药材和休闲康养基地，结合实际，打好"三张牌"。丽江现有的相关产业还存在着规模不大、附加值不高的问题，还可以大有作为。丽江处在喜马拉雅东南部横断山区，是我国著名的药材之乡，植物药种类繁多，而且药材品质好，植物药产业的发展潜力巨大，可广泛种植的有虫草、金铁锁、藜芦、云木香、滇重楼、青羊参、石斛、三分三、雪山一枝蒿、珠子参、三七、天麻等。因此，建设著名中药材基地，引进有实力、有科技水平的大企业进行加工开发，大有可为。与此同时，要发挥自然、气候、生态、文化等诸多优势，依托发达的旅游产业，把丽江建设成为医疗、康养、休闲目的地。

要多方努力化解清洁能源面临的困境，高度重视丽江市第二产业的发展。要努力发展一些环境污染小、附加值高、科技含量好的工业项目，尤其要引进一批高科技经济效益好的大项目。丽江已在金沙江中上游建起了六个梯级大型水电站，成为国家重要的清洁能源基地。这几年每年弃水弃电高达178.78亿千瓦时，产生很大的浪费，要多种渠道、多方努力，尤其通过清洁能源的转化，促进丽江市新型工业化的发展。

（本文完稿于2018年）

生态文化引领 绿水青山永驻

杨国清

一

永远保持绿水青山、蓝天白云、小桥流水的美丽丽江,永葆这片神奇美丽的净土,这是丽江人的一个梦,也是国内外喜爱丽江的人们的一个期待。而丽江独特的优秀传统生态文化则是实现这一目标的突出优势和根本保障。源于古老东巴经典的纳西族独特生态文化传统,以及相对应的村规民约,千百年来深深扎根于广大老百姓之中,已成为丽江和滇西北区域的民俗文化之根。

自从人类诞生以来,就离不开赖以生存的生态环境。人类从狩猎社会过渡到农业社会、工业社会以来,在历史的长河中,不断认识生态环境,适应生态环境,处理与生态环境的关系。从这个意义上讲,自从地球上有了人类的生存发展,就有了生态文化。生态文化是指不同人类的种族、民族、族群为适应和利用地球上多样性的生态环境之生存模式的总和。不同民族在特殊生态环境里有着多样化的生存方式,它更强调由具体生态环境形成的民族文化的个性特征。

我国生态文化传统是在悠久的农业文明中延续了数千年之久的伟大传统。而农业文明时代之特征在于充分依赖、利用自然生态环境，倡导田园风光，对生态环境负面影响较小，还留下了许多人与自然和谐相处的丰富经验和智慧。"天人合一"是我国生态文化传统中的一个根本性主题，是中华传统儒家和道家文化主张的一种协调人与自然关系的指导思想，也是农业文明时代人们所向往的至高生存境界和理想。这一主张体现了我国传统生态文化的精髓。

丽江有着独特的优秀民族生态文化传统，在中华传统文化中独树一帜，是中华生态文化的重要组成部分。这一文化源远流长、博大精深，记载于东巴象形文字书写的古老典籍中。它源于纳西族原始自然宗教东巴教，形成于纳西族古代社会，千百年来又传承于纳西族民间社会。这个古老、朴素、睿智的生态文化观念在东巴文化中占有十分重要的地位。学者季羡林曾经指出，东巴古籍文献其实就是用东巴象形文字记载的有关人类起源、人与自然关系的文献。纳西族独特的生态文化传统上千年来得到很好的传承和发展，它是随着东巴文化的传承而得以传承，随着东巴文化的发展而得到发展，延绵不断。这一理念虽然源于东巴原始自然宗教，但在纳西族社会发展的历史长河中，它已成为纳西地区民间的民俗文化，代代相传，深深扎根于老百姓的生产生活之中。由于东巴文化在纳西族地区的主导地位和延续性，在广大区域的影响，加之其他各兄弟民族也有类似的生态文化理念，所以在这个区域里，曾流行于世界的人类中心主义思想观念，主宰自然、征服自然的占有欲，轻视践踏自然的思想意识没有广泛流传过，没有很大的市场，这就形成了丽江独特的良好的历史生态文化。

东巴古籍文献和纳西族地区长期形成的民俗文化中，把与人类相对应的自然界概括为"署类"。这个署类包括了人类赖以生存的一切万物，包括山川、河流、土地、森林、草原、野兽、鸟类、泉水、沙石，等等。这个署类万物有灵，是有生命的、自主的，与人类是平等的。它不是人类的附属品，不能由人类随意主宰、随意处置。它们和人类一样有自主的权利，它们要和人类平等地对话。掌管自然界方方面面权利的是各方面的署神，即各个方面的自然神，这一文化确立了人类与自然之间的平等自主地位。这样就形成了自然界与人类平等的主体自主精神。

古老东巴经典中记载了人类和自然界是同父异母兄弟的美丽故事，对"人署一体""人署兄弟"进行了生动的论述，与"天人合一"的理念是一致的，但比之"天人合一"的理念应该说阐述的内容更直接、更具体、更生动、更有说服力。因为人类与自然界是手足兄弟，血脉相连，所以倡导"人署一体"的和谐与共精神。

东巴经典中认为人类为了生存发展，已得到自然界许多的恩惠，占用了自然界许多的东西，人类对自然界是欠了债的，所以人类要不断地偿还欠债。如果人类贪得无厌，过度侵害自然，那么自然界就会报复人类，给人类带来许许多多的灾难。强调人类要敬畏自然、呵护自然、补偿自然，对大自然要有感恩报德、感恩还债的精神。

纳西族地区举行的东巴祭祀仪式，已成为广大村民和老百姓广泛参与的民俗活动。东巴祭天、祭署等祭祀仪式其实质是人们感恩自然、补偿自然的一种活动。仪式庄严、隆重，参与的人们十分虔诚。在几百种东巴祭祀仪式中，最主要的是人与自然界有关系的祭天（祭祖）、祭署等活动。祭署活动有许多具体内容和形式，还有专门用于祭祀的东巴经书。这些祭祀仪式体现了保护自然、还债自然、感恩自然的一种实际行动。

东巴经典中所阐述的独特民族生态文化的理念，在长期社会生产生活实践中，逐步上升为民间社会约定俗成的村规民约。这些东西成为老百姓共同的文化理念和制度约束。在丽江古城保护河道水系、维护环境卫生、遵守三眼井的规矩都已深入人心，居民们自觉遵守，相互监督。在纳西族广大乡村，有村规、山规、水规等等。管理山林有"居瓜"，管理水源有"吉爪"，放水有"水班"，砍树有"子浩"的规定。总之，这些制度就是民间"法规"，在民间社会很管用。

以上分析说明，东巴经典所诠释的生态文化理念和民间社会一套制度相互配合，成为一个完整的体系，在广大乡村今天仍然发挥着重要作用。

二

生态文明是人类社会文明的高级形态，也是生态文化的高级外在形式。生态文明是人类总结原始社会文明、农业社会文明、工业社会文明基础上形成的新的文明成果和理念。生态文化和生态文明从本质上讲是一致的，生态文明是生态文化一种伦理形态。当然，今天我们讲的生态文明较传统生态文化是层次更高、内涵更广、意义更深的文化形态。生态文明对优秀民族生态文化是一种继承和品质的提升。所以生态文化的引领，搞好生态环境的保护、生态文明的建设，更要深刻领会我们党关于生态文明建设的重大意义和战略部署。

生态文明，是指人类遵循人、自然、社会和谐发展这一客观规律而取得的物质成果与精神成果的总和；是人与自然、人与人、人与社会和谐共生、良性循环、全面发展、持续繁荣的基本宗旨的文化伦理形态。生态文明以尊重自然、呵护自然为前提，以人与人、人与自然、人与社会和谐共生为宗旨，以建立可持续的生产方式和消费方式为内涵，以引导社会走上持续和谐发展的道路为着眼点。人类社会文明走过了原始文明、农业文明和工业文明时代，生态文明是工业文明发展到一定阶段的产物，是总结以往文明传统、深刻反思和总结工业文明所带来生态安全问题上的成果，是超越工业文明境界，是新的、更高层次的文明形态。

就丽江而言，搞好生态文明建设有着特殊的意义。做好这件事情，要从我们的实际出发，要有我们自己的特色。尤其要把丽江生态文明建设放在更广阔的背景下，与我们民族特色文化有机结合起来，立足特色走出一条好的路子来。

丽江在生态文明建设上有着厚实的基础和条件。千百年来，丽江生态文化独树一帜，而且深深扎根于人民群众生产生活和行为方式中，与老百姓的文化传统与民间习俗一致。这样一个民间社会的基础，也就是普通百姓的认识和素养，对推进生态文明建设是一个巨大的力量和推手。丽江还有着良好的生态基础，至今仍然保持着青山绿水、蓝天白云、田园风光等良好状态。目前，丽江森林覆盖率达66.15%，植被恢复状况良好。城市环境卫生和空气质量保持清洁，城镇污水处理率达到85.5%。全面实施泸沽湖、程海、拉市海防污治污工程，泸沽湖水质稳定保持Ⅰ类，程海、拉市海保持Ⅲ类。结合本地实际发展生态产业，以林果、药材、油菜等生物产业达395万亩，产生了很好生态效益和经济效益。

原始自然生态是丽江最靓丽的旅游品牌，良好生态环境是发展旅游业的基础。通过改革开放数十年的努力，丽江成为国内外著名的旅游目的地。丽江众多的旅游资源中，良好生态环境是最好最大的资源，也是经济社会发展的最大优势。优美的自然风光，优越的地理气候条件，青山绿水、蓝天白云、清新的空气对游客有很大吸引力。所以，进一步搞好生态文明建设，是提升丽江旅游品质的重要基础。生态文明建设搞好了，不仅让丽江各族人民受益，也让广大国内外游客受益。建设绿色生态家园也是打造国际精品旅游城市的客观要求。

丽江生态文明建设关系到国家长江中下游生态安全。丽江地处金沙江上游重要地段（金沙江流经丽江市区域有615公里），对建设长江中上游国家生态安全屏障有着大意义。丽江生态环境状况、森林覆盖状况、流域水土保持状况直接影响到长江中下游生态环境和生态安全，关系到生态的大局。对丽江生态文明的建设，我们需要从这样的高度去认识和把握。

丽江生态文明建设对保护生物多样性有着重大意义。丽江等所在的滇西北地区是世界上生物多样性最为丰富的地区之一，汇集了我国三分之一以上的高等植物和动物种数，是世界上最著名的动物标本产地之一，被国际组织列为全球生物多样性25个优先重点保护热点地区之一，也是《中国生物多样保护行动计划》列出的17个关键地区之一。生物多样性是人类社会赖以生存和发展的基础，同时对丽江经济社会发展和区域生态功能稳定发挥着重要作用。为了保护生态环境，遏制生物多样性锐减趋势，2008年2月，云南省政府在丽江召开了生物多样性保护会议，发表了《滇西北生物多样性保护丽江宣言》，指出丽江对生物多样性保护负有特殊的责任。

生态文明建设是丽江"四创两申"的基础。创建国家文明城市、环保模范城市、卫生城市、节水城市，申报"联合国人居城市和人居环境奖"是丽江生态文明建设的重大举措。"四创两申"，生态环境是基础、是中心，要紧紧扭住这个中心不放松。同时"四创两申"是生态文明建设的重要载体，有了这个载体，生态文明建设就可以更好地结合当地实际，更有针对性、更有实效性。这种结合有利于使生态文明建设落到实处，取得实际效果。

三

生态环境的保护，生态文明的建设是个历史过程。在实践中既要着眼长远，又要立足当前，真抓实干。丽江要不断增强生态忧患意识，充分发挥生态文化的优势，把发展作为解决环境问题的治本之策，坚持在发展中推进环境保护和生态文明建设。

永保丽江青山绿水、蓝天白云、小桥流水、洁净空气、一方净土是丽江人的追求和梦想，也是构建生态丽江、文化丽江、和谐丽江、幸福丽江的必然要求。丽江生态环境的保护和建设有其自身的特点。最大的特点和优势莫过于生态文化的理念和积淀，基础好、起点高、目标要求高，其任务也相当繁重。丽江市人民政府提出要求，经过十年左右的努力，把丽江建设成为具有比较发达的生态经济、优美的生态环境、宜人的生态人居、繁荣的生态文化、人与自然和谐相处的可持续发展的现代化旅游城市，建成城乡调适互补的物质与人文体系。这期间丽江要成功创建国家文明城市和环保模范城市。

第一，丽江优秀民族生态文化及其在广大群众中的历史积淀是丽江保护生态环境、推动生态文明建设的珍贵财富，也是丽江的突出优势。丽江要把充分发挥这个优势作为一项基础性的工作。这一优秀传统生态文化虽然已遭到一定程度的破坏和削弱，但在民间社会还有很好的基础，还有很深厚的根基。这一特色生态文化与我们党提出的生态文明建设理论是一脉相承的，弘扬这一生态文化的理念有利于提升对生态文明建设的认识，也有利于更接近老百姓传统的思维模式。弘扬优秀生态文化与保护传承民族文化又高度重合，有着高度的一致性。美国学者大卫·奥尔在1992年提出"生态教养"的概念，国内不少学者这几年也很重视"生态文化教养"的理念。在丽江，"生态教养"早就在实践中，是在东巴仪式等活动中逐步养成的。这是宝贵的经验，在保护生态环境、保护水源、保护动植物的实践中发挥了有效作用。我们可以在广大城乡，进一步加强对这一民族生态文化的自信与养成，与生态文明建设、保护环境结合起来，在实际中发挥其良好的作用。

第二，增强生态环境忧患意识，正视丽江面临的挑战和问题。"生于忧患，死于安乐。"丽江生态环境虽然总体保持较好，但面临的挑战和压力不容小觑，存在的问题不容忽视。随着丽江城镇化、工业化步伐的加快，旅游业的大发展，大量游客的涌入，生态环境状况严峻起来。丽江由一个高原水乡，水量丰沛，到近年来多个泉眼干涸断流，生产生活用水和景观用水出现短缺，失去了一些昔日泉水叮咚的风貌。虽然天旱是主要原因，但与多年来城市不断扩大，道路硬化，湿地缩小，到处打深水井开采地下水，有些水源地遭到破坏等有着直接关系。加上人口膨胀，用水量增加，从而加剧了水的危机。城中村和城乡接合部生态遭到破坏，水源受到污染，建筑垃圾随意倒放。丽江城市周边的面山、森林、水源、河流、田园等遭到一定程度的破坏和污染。丽江市区周边乱采乱挖沙石，或无序开发的情况时有发生。这些问题虽然是局部的，但必须引起高度重视，在生态环境问题上，丽江输不起，也不能输，保护丽江良好生态环境就是保护丽江的生产力。

第三，保护与发展要双赢共进，做到辩证统一，不可对立。改革开放以来，丽江的实践经验证明，保护与发展要做到辩证的统一，不能把保护与发展对立起来。在保护中发展，在发展中保护。改革开放以后，丽江首先把优美生态环境和优秀民族文化保护下来，在这个基础上大力发展文化旅游产业，在文化旅游产业发展中积累资金，壮大实力，又在这个基础上加大保护力度，实施更大的保护措施，实现了保护和发展的双赢。丽江古城和玉龙雪山的保护就是两个具有代表性的典型。那种在静态中保护，一成不变状态下的保护，是不切合实际的，也是行不通的。那种想靠"回到从前"来解决今天出现的问题，靠贫困来解决环境污染的问题，并非正道，那只是一条死路。只有发展，才是走出生态困境的治本之策，这一点丽江改革开放以来的经验也得到印证。丽江由"木头经济"转变为"生态产业经济"，这是很大的成功，也是最大的转型。今天，丽江许多地方的农民不再上山砍树，也不再搞毁林开荒，森林覆盖率由原来的43%提升到66.15%，这比历史上任何时期都好。

第四，保护生态环境，推进生态文明建设贵在行动，重在落实。丽江市政府高度重视生态环境的保护和建设，近年来工作力度进一步加大，工作实效更加明显。怎样继续推进这项工作，丽江市市长和良辉提出了六个方面的要求：一是通过强化生态规划引领，夯实生态建设基础；二是通过实施六大工程治理，提升生态建设成效；三是通过大力开展生态创建，丰富生态建设内涵；四是通过重点区域保护，提升生态建设质量；五是通过积极开展国际合作，创新生态建设模式；六是通过加大宣传教育力度，营造生态建设良好环境。党委政府的决策和重大举措关键要有人落实，要有人实干。党政机关搞群众路线教育，抓作风转变，解决"四风"问题，最终都要靠实干，落脚点都要落到实处。生态环境的保护和建设是社会系统工程，不可能是少数人的事情，努力提升广大群众的生态文化意识和养成，充分发挥广大群众的积极性和创造性，这才是最可宝贵的，要努力营造这样一种环境和氛围。

根据丽江生态文明建设总体规划和部署，具体工作要根据轻重缓急，由专人负责，一件件落到实处。比如水的问题，丽江黑龙潭等泉眼断流后，引起了国内外媒体和游客的高度关注，反应很强烈，这也是必然的。丽江的灵气在水，丽江的魅力在水，丽江的文化也在水。东巴经里说，水是万种万物的源头，水造就了人类和自然界。所以说，没有了水也就没有了文化生态的丽江。于是丽江市委市政府采取一系列应急的举措，包括白水河调水进古城，实施白沙水生态修复工程，黑龙潭保泉工程也正在论证和研究之中，等等。黑龙潭断流，从客观上讲，丽江多年干旱，降雨量急剧减少是主要原因。丽江正常年降雨量应保持在900—1300毫米，但多年来没有达到这个量，最近四年的降雨量只在600毫米左右，地下水大大减少，泉眼干涸断流是必然的。但我们还要看到人为的因素，对生态环境的破坏应该说是重要原因。一是城市化进程加快，丽江市区扩大，水的需求急剧增加，水的消耗量也大大增加；二是丽江市区和坝区道路的硬化，河流水系三面光，地面水的渗透能力削弱，一下雨，水就顺着漾弓江很快流到鹤庆县；三是随着旅游业的发展，有许多企事业单位、学校、居民户打深水井，无序开采地下水，致使地下水大幅减少；四是丽江坝区原有湿地、水面、大的水沟水渠被填埋或建房，其面积大为减少，有的水系也遭到破坏；五是浪费水资源的情况还时有发生；等等。鉴于以上情形，丽江一定要从长远和整体上搞好爱水、保水、护水、兴水这篇大文章，形成长效的解决机制。同时要加大水源地的保护和建设，搞好水源林的保护和建设，还要搞好开源节流、节约用水。要立足长远、兴修水利，综合利用坝区南部漾弓江水流，搞好循环利用，提高坝区地下水位，进行水资源的二次利用等。雪山、草地、森林、土地、田园、湿地、河道、村落、民俗文化等的保护也要一件件地抓落实，要长远地抓，不懈地抓。要永远保持丽江的魅力，永远保持绿水青山、蓝天白云、小桥流水、世外桃源的景观，让美丽丽江、和谐丽江、幸福丽江、生态丽江青春永驻。

生态丽江与建设长江上游生态安全屏障

李群育

丽江,以金沙江得名,域内拥有自然、文化、记忆三大世界遗产,丰富独特的自然生态环境与独树一帜的人文生态环境交相辉映,共同构成了名副其实的生态丽江,长江上源名副其实的重要绿色堡垒。地处长江上源金沙江中上游地区的丽江生动诠释着"生态兴则文明兴,生态衰则文明衰"的历史文化。时下,进一步挖掘、阐述和弘扬丽江优秀生态文化传统,结合实际深入贯彻落实党中央关于生态文明建设的决策部署,主动服务和融入长江经济带建设,加快建设长江经济带生态安全重要屏障,是生态丽江历史发展的必然要求和责任担当。

一、丽江拥有丰富独特的自然生态环境

独特的自然生态环境是生态丽江的客观主体,内涵十分丰富。大自然的鬼斧神工,造就了丽江地貌多样、气候多样、生物多样的自然生态环境,使其成为著名的"地质地貌博物馆"、"动植物王国"、"植物基因库"、"药材之乡"、避暑胜地之地,多样性生态

并存的典型代表。

历史时期的丽江，其范围包括滇西北、川西南、藏东南大三角的众多地区，直到20世纪50年代，迪庆州、怒江州及大理州的鹤庆、剑川仍属于丽江专区。目前的丽江市辖古城区、玉龙县、永胜县、华坪县、宁蒗县，总面积2.06万平方公里，其中山地占92.3%。历经沧桑巨变，人们对丽江独特生态环境的认识不断深化。

（一）丽江境内拥有极其独特的自然地貌环境，其中最具独特性、世界性的自然地貌有五处

三江并流 自青藏高原奔腾南下的金沙江、澜沧江、怒江，在南北走向的云岭山脉、怒山山脉、高黎贡山山脉的挟持下，在滇西北境内形成了举世闻名的"三江并流"地理奇观，三条大江之间的最短距离仅为66.3公里。区域内聚集了北半球几乎所有的高山峡谷、江河湖泊、雪峰森林、田园草地等地貌类型，浓缩了极为错综复杂的气候特征，蕴藏着大量的珍稀动植物，是"欧亚大陆中国生物多样性最丰富，多种地质景观和高山地貌类型演化过程最杰出的代表，世界一流的地质地貌景观自然遗迹"。2003年7月2日，"三江并流"被列入世界自然遗产名录。

玉龙黎明老君山国家地质公园 公园拥有我国面积最大、发育最完整、层次最分明、海拔最高、高差最大的丹霞地貌。千龟山、万龟城、丹霞赤壁、南天门、太阴山、太阴谷、老君炼丹炉、同心柱、黎光佛、一线天、鸟王山等区域的丹霞地貌面积达240平方公里。其中，千龟山、万龟城的龟裂山体无论规模、景观质量均为世所仅见。

万里长江第一湾 长江正源金沙江本来与怒江、澜沧江自青

藏高原三江并流南下，然而，金沙江流到丽江石鼓境内时与怒江、澜沧江分道扬镳，独自向东流去，形成著名的"万里长江第一湾"，改变了长江源流由北向南的方向，"江流到此成逆转，奔入中原壮大观"，从而实现了"大江东去"的伟大转折。

虎跳峡 金沙江自石鼓东流后，闯越玉龙雪山与哈巴雪山间峡谷，形成"破雪山而行，两岸壁立，江贯其间，奇险万状"的地貌奇观。虎跳峡分为上虎跳、中虎跳、下虎跳，全长18公里，落差达210米，一路惊涛骇浪，声闻数十里，两岸绝壁摩天，从江面到山顶，海拔高差达3700多米，江面最窄处只有20多米，江心多处巨石兀立，相传有猛虎跳江而过而得名，是世界上最深的大峡谷之一，比著名的美国科罗拉多大峡谷还深1500米。

永胜红石崖地震大裂谷 明代一次8.1级大地震使永胜县城西的山体撕裂、塌陷，形成深达500米、宽50—300米、长达9公里的红石崖地震大裂谷，两侧悬崖峭壁、怪石嶙峋，同时形成了山下翠湖龙潭和西山草海。大裂谷现称为"永胜红石崖国家级地震遗址"，是目前世界上规模宏大、保存最完整的古地震遗址。

（二）丽江拥有众多美绝人寰的极品山水，主要为老君山、玉龙山、绵绵山三大山系，金沙江，程海、泸沽湖、拉市海三大高原湖泊

玉龙雪山 北半球距赤道最近的现代海洋性冰川雪山、云岭山脉的最高峰、长江南岸第一高峰，主峰扇子陡海拔5596米，迄今仍为处女峰，冰川类型以悬崖冰川和冰斗冰川为主，有"现代海洋性冰川博物馆"之称，为国家级风景名胜区。

老君山 "滇省众山之祖"，为滇西、滇中、滇南的点苍山、哀牢山等众山脉之源，从丽江最北端塔城乡入境，金沙江环其左，

澜沧江绕其右，连绵百里形成独特的褶皱山体，分布有九十九龙潭、金丝厂等众多神奇美丽的山峰、湖泊、草甸和山箐河谷。

绵绵山 金沙江、马边河的分水岭，东南隔金沙江与五莲峰相望。丽江境内山峰林立，沟壑交错，拥有丰富多样的生物资源。

金沙江 长江的上游。因江中沙土呈黄色得名。穿行于川、藏、滇三省区之间，流急坝陡，江势惊险，有615公里在丽江境内，流域自然环境优美独特，是国家级天然林保护区。

程海 为当代世界天然生长螺旋藻的三大湖泊之一，湖光山色优美，历史文化悠久，田园古村迷人，气候温暖，宜居宜游。

泸沽湖 面积51.8平方公里，平均水深40米，最深处达93米多，湖面海拔2685米，湖水清澈透亮，透明度超过11米，始终保持着I类水质，是云南九大高原湖泊中水质最好、风光最美、文化最神奇的高原湖泊。

拉市海 属于滇西古冰蚀湖，是云南省第一个以高原湖泊湿地命名的自然保护区，也是中国30个国际重要湿地之一，湖区生态环境良好，每年有数万只候鸟前来越冬。

（三）丽江具有"夏无酷暑、冬无严寒"的宜人气候

长年气温在12.6—19.9℃之间，年平均气温为12℃左右，堪称避暑胜地。总体而言，丽江拥有亚热、温、寒三种气候带，境内气候垂直差异十分明显，具有典型的立体气候特征，俗称"一山分四季，十里不同天"。其中，玉龙山麓海拔为1600米左右的龙蟠、大具等地为亚热带气候，随着海拔上升的地区，依次为温带、寒带气候，山顶则终年积雪。境内金沙江干热河谷区属于河谷亚热气候带，全年长夏无冬；半山区及海拔较低的坝子为山地湿润温带，春季长达八个月左右；山区为湿润高山寒暖带，高寒

山区冬季长达半年以上。境内干湿季分明，季风气候明显，年温差小、日温差大、日照充足，空气清新，蓝天白云，青山绿水，空气质量优良率为100%，2017年入选全球好空气城市50强，入选中国好空气城市10佳之首。

（四）丽江为全球高原生物多样性典型地区

得天独厚的地理自然气候环境，赋予了丽江丰富独特的自然资源，境内拥有13000多种植物，占云南省植物种类的70%以上，以丽江及其境内山河、地名命名的植物名有167种。新主天然高山植物园，在不足10平方公里的地域内，几乎汇集了横断山系所有的植物种类，其中有国家一类保护珍稀植物10余种，被称为"植物避难所"；园内一棵铁杉树龄已逾3000年，堪称"铁杉树王"。华坪温泉的红椿箐千亩原始攀枝花苏铁园，举世罕见。野生药用植物计有2000多种，占了我国所列品种的三分之一多。丽江境内绿色植被覆盖面大，全市现有森林覆盖率达到70%，是金沙江流域森林资源保护最好的地区之一。境内核桃、青梅、花椒、梨、桃（雪桃）、龙眼、柑橘、板栗、油橄榄、桑树、漆树、油茶树、滇楸、膏桐、桉树、苹果、芒果等经济林资源也很丰富，现种植的特色经济林已达500万亩左右。境内野生动物资源有兽类8目21科42属83种，其中有滇金丝猴、野驴、金钱豹、云豹等国家一类保护野生动物，还有极其罕见的永胜白猴。鸟类有17目46科290多种，其中有黑鹳、中华秋沙鸭、雉鹑、黑颈长尾雉、红腹角雉、黑颈鹤等国家一级保护鸟类。鱼类有5目15科，主要为金沙江、雅砻江、澜沧江水系鱼类。昆虫类有中华蜜蜂、大熊蜂、蜻蜓、螳螂、蟋蟀、蝉、九香虫等。多种气候并存、多种地貌并列的自然环境，使丽江成为国内重要的生物多样性区域。

（五）丽江是我国清洁能源、生态旅游等资源的最富集地区之一

丽江市水资源总量 499.89 亿立方米，人均拥有水能资源 7300 立方米左右（云南省为 4379 立方米、全国为 2200 立方米）。境内金沙江落差高达 890 米，可建"一库八级"大型超大型水电站，其中的金安桥、观音岩、阿海、龙开口、鲁地拉、梨园 6 个大型水电站已建成并网发电，总装机达 2108 万千瓦，年发电量 883 亿千瓦时。此外，境内的风能、太阳能资源开发潜力也非常大。目前，丽江正加快建设国家重要的清洁能源基地。独特的气候和地理环境构成了丽江丰富的生态旅游资源，既有雪山、大江、湖泊、峡谷、森林、草场等高原风光，又有小桥、流水、人家、田园、村落、古镇等江南风光，高原与水乡相依，自然与人文相融，具有"南人北相"的自然生态环境特征。

（六）丽江是世界历史上最早倡导和践行人与自然和谐的地区之一

用古老的象形文字记载人与自然和谐相处生态思想的纳西族东巴古籍文献，已被列入世界记忆遗产名录；人与自然和谐统一、多元文化融合发展的丽江古城，成为著名的世界文化遗产。美丽的泸沽湖风光与神奇的摩梭风情融为一体的"东方女儿国"，同样是人与自然和谐相处的杰作和典范。丰富独特的自然地理环境孕育了人与自然和谐的生态文化，共同构成了生态丽江丰富独特的内涵。

二、丽江具有独树一帜的传统生态文化

从世界环境史的视野看，丽江纳西族传统文化，是一种典型的传统生态文化，一种千年不断探索和实践人与自然和谐发展的

民族生态文化。国际环境史研究的主题有三：一是自然环境变迁及其在人类历史中的作用；二是人类活动对自然环境的影响及其反作用；三是人类关于自然环境的思想以及对待它的态度及行动。时下，国际环境史研究越来越引起世界各国的关注，不言而喻，丽江传统生态文化对于国际环境史的研究具有重要意义。

(一)丽江传统生态文化的基本内涵与特点

人与自然的关系是人类社会最基本的关系。自然界是人类社会产生、生存和发展的基础和前提。中华传统文化中的天人合一思想，把人与自然视为一个有机的整体，倡导人类要顺应自然、保护自然、尊重自然，实现人与自然的和谐发展。自古生息在金沙江流域的丽江各族人民，在漫长的历史发展进程中，对"天人合一"思想情有独钟，而且结合丽江的实际不断创新发展，倡导用和谐的理念指导处理人与自然的关系及矛盾，坚持知行合一，把"天人合一"的思想理念落实到人们的日常生产生活行为之中。丽江传统生态文化最突出的特点，是理论与实践结合，具有明显的理论性、实践性、实用性。

第一，在认识人与自然关系的问题上，认为人与自然的关系是兄弟关系，是利益共同体的关系，是命脉共同体的关系。宇宙万物皆平等，人与自然和则共存、斗则俱亡，人与自然和谐相处才能共存共荣。

"人与署（自然）是同父异母兄弟。"纳西族东巴经典中把包括山林川泽鱼虫鸟兽在内的大自然统称为"署"，指出人类祖先崇仁利恩与署是同父异母兄弟，兄弟长大后才分家自立，分家时确定：由人类负责管理所有的家畜、耕地、房产；由署兄弟负责管理所有的森林、草场、山崖、江河、湖泊、泉水及野生动物等。

同时强调兄弟分家后要各司其职，相互尊重，相互帮助，和谐相处。这种把人与自然的关系称为同宗同源的兄弟关系，用兄弟关系把人与自然的复杂关系说得清清楚楚，让人一听就明白，也是纳西先民的一种智慧，一种用简单、朴素方式把复杂问题说清楚的智慧。在宇宙起源等重大哲学问题上，纳西族传统东巴文化指出，宇宙万物起源于一种"气"与"声"物质的自我运动变化，正是这种物质的自我运动变化产生了宇宙万物。纳西族东巴经典中的这一观点表明，宇宙万物并不存在谁创造谁、谁主宰谁、谁高贵谁低贱等的问题，世界万物本来就是平等的。与古希腊、古埃及、古印度，以及我国各地众多创世传中普遍讲的是上帝或神创造了世界、创造了人类的神造世界说完全不同。东巴文化中蕴含的人与自然是兄弟、世界万物皆平等的生态理念，成为丽江纳西族先民认识和处理人与自然关系，倡导和追求人与自然和谐的思想理论基础。

人与自然友好相处才能共存共荣。纳西族东巴文化强调指出，人与自然和则共存、斗则俱亡。人与自然都要认真履行友好相处的"和约"，特别是人类首先要自觉善待自然。大自然（署）对于人类来说有利与害的双重性，用东巴经典中的话说就是署心中有对人类"友好与敌意"两种意念，如果人类对署类友好，署对人类也友好，给人类以风调雨顺等友好回报，积极地为人类服务，署对人类是有恩必报的；如果人类对署类采取了敌意的态度和行动，大自然也会用敌意的态度和行动回报人类，毫不留情地给人类以灾难性的报复，同样，署对人类也会有仇必报。东巴经典中一再强调指出，人与自然和则双赢，斗则俱亡，必须要及时解决人与自然之间的敌对行为，否则，人与自然都难以存活。及时消除敌对现象，不断培育友好关系，人与自然才能共存共荣。丽江先民对人与自然关系问题的认识，见解独到，意义深远。

第二，在处理人与自然关系问题上，倡导和追求和睦相处、实现共利双赢，同存共荣。东巴经典告诫人类：必须尊重自然、善待自然，不可伤害大自然，否则人类将遭到大自然的无情报复。纳西东巴文化中明确指出，毁林开荒、焚烧山林、滥杀野生动物、污染水源等人类伤害大自然的行为，都会遭到大自然的无情报复。因此，东巴文化反复强调：人类不能任意毁林开荒、焚烧山林、滥杀野生动物、污染泉水、污染空气，否则将受到大自然无情的报复。纳西族先民在数千年前就提出的大自然会报复的思想，与革命导师恩格斯在一百多年前指出的"我们不能过分陶醉于我们对自然界的胜利，对于每一次这样的胜利，自然界都报复了我们"的观点异曲同工。应当说，纳西文化中关于人类伤害自然必遭报复、人与自然友好共赢等类似当下的生态思想，应是人类对自然生态问题的最早思考和记忆，在世界记忆遗产东巴古籍文献中有很多记载。

第三，在理论与实践结合的问题上，强调保护自然生态环境重在行动，重在实践，重在知行合一，把保护生态环境思想和行动融入人们日常的生产生活之中。在丽江纳西族自然生态环境保护历史实践中有三个突出表现：一是有思想与制度方面的保障措施。在漫长的历史时期，丽江纳西族社会以东巴经典中关于人与自然的理念为指导思想，并以纳西东巴经典为依据形成了众多保护自然环境规章制度，比如，严禁污染水源，不得在水源地杀牲，不得往河水丢弃动物死尸，不得把烧红的矿杂倒进湖中；要节约用水，不得浪费水资源；不得随意伤害鱼、蛙、蛇等水生动物,不得随意捕杀山中的野生动物;不得任意毁林开荒、焚烧山林、挖土开山取石。立夏过后是万物生长的关键时期,又规定这一期间不得上山砍伐树木和上山打猎。丽江古城道法自然,逐渐形成了人与自然的众多风俗习惯,其中包括严格实行的爱水、护水、用水的习俗;各乡村普遍因地制宜制定有保护生态环境的村规、山规、水规等乡规民约等。二是开展经常性保护自然环境为主题的民俗民间活动,及时自查自纠伤害自然的行为。比如,以村社或家族为单位,每年都要定期开展"署古"等亲和自然的活动,重点检查和纠正人类伤害自然的行为,及时向大自然赔礼道歉,改善人与自然的关系。三是重视开展经常性环保学习教育。通过形式多样的教育宣传活动,加强学习传承东巴文化,不断强化伤害自然"人神不容"的环保意识,增强人们环境保护行动的自觉性,形成保护生态环境全民参与、人人有责的舆论氛围和人文环境。

第四,其他许多值得深入发掘、研究,传承发展的生态文化理念习俗。比如,植树造林才能造福人类的理念,火葬并不保留骨灰的"生态安葬"古俗等。永胜他留人古老的"铎系"图符同样蕴含有丰富独特的生态文化思想,其中有一个十分独特又十分重要的观点:植树造林是人类生存发展的首要任务。在"铎系"图符中说,当完成了开天辟地任务之后,天神务素首先召开了部署人间种树的会议,号召人类首先要因地制宜搞好植树造林,并强调什么树要种在什么地方、什么树具有什么用途。这种天地造成之后人类首先要搞好植树造林才能造福人类的生态理念,具有超越时空的生态文化价值。传统的"生态安葬"——火葬并不保留骨灰的"焚骨不葬"习俗,是丽江境内纳西族、彝族、傈僳族、普米族等少数民族古老习俗。在唐代樊绰《蛮书》、元代李京《云南志略》、明代正德《云南志》等汉文史料中将这种葬俗称为"焚骨不葬",即死后不论身份地位,"贵贱一所焚之,不收其骨"。丽江纳西族先民自唐至清初一千多年间,始终实行的是火葬并不保留骨灰的葬俗。到清雍正元年(1723)丽江实行改土归流之后,"焚骨不葬"的传统生态葬俗被流官视为陈规陋习而"禁民火葬"。然而,虽经过一届届的流官"屡经禁谕",但在不少纳西族地区特别是山区却是禁而不止,至今在部分山区仍然实行着"焚骨不葬"的古俗。这一传统的生态环保的葬俗,有利于保护珍贵的土地资源和生态环境,完全符合今天国家推行的"生态安葬"殡葬改革要求,值得加以传承和发展。

纵观世界生态环境史,在认识和处理人与自然关系的问题上,西方文化长期把大自然视为可任意践踏的征服对象,直到近百年来才开始关注人与自然和谐相处的问题。而中华传统文化强调"天人合一",主张人与自然和谐相处,而不是人与自然对立、对抗,但在多数地区缺乏实践性、可操作性。丽江生态文化不仅提出了人与自然是兄弟、大自然会报复的思想,更重要的是让保护生态环境成为纳西族社会的一种道德行为和准则、一种价值理念,一种在社会生产生活之中的自觉行动。毫无疑问,丽江传统生态文化在理论上的众多独到见解,以及实践中的千年探索发展经验,极大地丰富和发展了中华传统文化中"天人合一"的生态文化宝库。

(二)"人类童年的歌声"是丽江生态文化的源头

神话是人类童年的歌声,是民族文化记忆的起点。丽江各民族的创世神话传说堪称丽江生态文化的源头活水。丽江传统的生态文化思想首先从这些创世神话传说中流淌出来,从以下几部神话中即可看出。

——纳西族《创世纪》称人类毁林开荒引发"洪水滔天"。在《人类迁徙记》《崇仁利恩的故事》等东巴神话传中讲:崇仁利恩兄弟们上山毁林开荒时,发生了一件奇怪的事情:他们白天翻犁过的山坡,已砍倒的树木,次日早上又恢复成了未开垦时的原貌。一连几天都是白天开垦晚上又被恢复成原貌。崇仁利恩兄弟为探明其中的原因,晚上就悄悄地隐藏在附近,到了午夜时分,一个白胡子老人出现在他们白天开荒的地方,只见老人把砍倒的树扶起又重新栽活,已开挖的地面又恢复成了原貌。崇仁利恩兄弟于是冲上前抓住白胡子老人,质问老人为什么要破坏他们的劳动成果。老人回答说,这个地方是不能毁林开荒的,是署的家园。可是,崇仁利恩兄弟气愤已极而听不进老人的劝阻,还打伤了老人。"三天后署将惩罚你们!"老人说完就不见了。第二天早上,一只点水雀对崇仁利恩兄弟说:"你们做了没良心的事,两天后就要洪水滔天了。"一只青蛙也说:"你们做了伤天害理的事,山神就要掀起洪水了,人世间再没有生存之处了。"到了第三天,果然大地洪水滔滔,人类遭到灭顶之灾。唯有崇仁利恩因有悔过之意而得到牛皮逃生之计,劫后再造人类。在丽江小凉山彝族、普米族神话传说中也有类似的故事。

在世界各民族的众多创世神话传说中,都提到人类曾经历了一个可怕的"洪水滔天"时期。关于这场灭顶之灾产生的原因,在绝大多数的神话传说中讲的都与生态问题无关:因为人类有乱伦、不孝、不敬、不团结等伦理道德方面的罪过,上天为惩罚人类而降下滔天洪水。如西方的《圣经》中说,上帝看到人类充满了邪恶,儿女不孝父母、父母虐待儿女、丈夫眠花宿柳、妻子琵琶别抱、到处是杀人放火、奸淫掳掠,于是让"一场史无前例的洪水泛滥在大地上,夺去他们的生命,冲洗人类的罪恶"。在我国汉族的洪水神话传说则说:"水神奉天帝之命,发洪水惩罚地上不敬天帝的人们。"(《中国古代神话与传说》)在西南地区众多少数民族的洪水神话传说中,有的说是不敬天神、不团结等原因引起洪水;有的说是雷神打架、龙爷斗气而连降暴雨,人间遭殃。丽江神话传说中把洪水滔天与毁林开荒联系起来,无疑是丽江先民对自然生态问题的一种独到的见解和反思。

——东巴经典《黑白战争》中讲战争的起因其实是生态问题。这是一场从"护树"与"砍树"开始的战争,初心是纳西族先民为保卫生态环境而进行的战争。《黑白战争》(《东埃术埃》)中称,在开天辟地的创世时期,纳西先民创造的白太阳普照大地,物产丰富,其中,生长在米丽达吉海边的含英宝达树,四季飘香,不仅让纳西族先民收获了丰硕的"金果玉珠",而且让纳西人懂得了十二个属相和一年有十二个月时序等知识。可是,术鬼(黑方)要砍宝达树,而东族(白方)不分昼夜来护树,于是"东、术之间结下了冤仇,酝酿着一场战争","东和术的战争从此开始了"。《黑白战争》中"术"要砍宝达树,"东"则要坚决守护宝达树而双方结仇;之后,"术地"抢走"东地"的太阳、月亮、星辰使其失去光明,为了长期霸占抢来的白太阳,还用铁链等捆绑锁住日月星辰,继而全面爆发了这场称之为纳西族史诗的黑白大战。为保护含英宝达树和太阳的光明而战,就是发生"黑白战争"的初因。最后,双方付出惨痛代价后,战争以实现人与自然和谐统一、敌对双方实现和睦相处结束。这与纳西族东巴文化中强调人与自然和谐、各民族团结和睦的理念一脉相承。"黑白战争"的最重大意义在于：告诫人类勿忘这场战争的初心，勿忘保卫生态环境的最终目标。

——《休曲苏埃》讲的是人与自然之间的一场生态官司，警示人与自然斗则双亡、和则共存。话说很久以前，人与署发生了矛盾，人类就把署告上了法庭。在法庭辩论中，人类首先说："署不让人类到高原放牧，不让人类去开荒种地，不让人类去挖沟引水，不让人类下活扣来捕获禽兽，不让人类牵起猎狗去打猎，不让人类平安地生息在大地上。"署答辩说："不是我们跟人类结冤仇，而是人类和我们过不去！"署用大量的事实说明，是人类污染了洁净的山泉水，把山中的马鹿、山骡、黄猪、红虎、白胸黑熊捕尽杀绝，又把高崖黄蜂甜蜜取完取尽；把水里的鱼、蛙、蛇捕尽杀绝，又捕捉树上白鹇，还去江滩淘沙金；把九座山的森林砍光了，七条箐谷的树林烧尽了！因此，"不是我们和人类相仇哟，而是人类不让署活下去啊！"署接着说道，"大地上的人类呀，……森林已经快烧完，大树也将倒塌完，大石也将撬翻完，大水也将干涸完！"经过法庭辩论与调解，双方终于认识到：人与署之间如若争斗不休，"河水都会断流，树木都会枯死，大地不再有绿色，万物生灵会渴死，海枯石烂，人和署都难存活"。人与自然终于握手言和，共同签订了和谐相处的和约：重申人类不得任意毁林开荒、滥伐森林、开山取石、放火烧荒、捕杀野生动物，不得污染水源和空气；在人类履行和约的前提下，署要给人类出清泉水，降及时雨，风调雨顺，并允许人类在适当的地点和时间里，进行适度的开荒和狩猎活动，以补充人类在困难时期生产生活的不足。最后，大法官丁巴什罗说："人类与署的纠纷，就从今天调解之后，除非白石羊会走路的那一天,黑石猪会踩踏的那一天,都要认真履行和约,双方永远和好从此不再相争!"

东巴经典《休曲苏埃》讲的这场生态官司,有两点很有意思,一是人类由原告变成了被告,人类原来认为是署不让人类活下去。可是,经过法庭辩论,证明是人类首先伤害了自然,才遭到大自然的惩罚。责任应由人类承担。二是通过法庭调解,双方达成新的共识和行动,共同签订了和谐相处的协议。这一场用象形字记载的生态官司,虽然是遥远的神话传说,却离当今世界的现实很近。

保护好生态环境,人与自然才能生存和发展,是丽江各民族创世神话传说中传递出的重要生态思想。丽江市委书记崔茂虎指出"生态是丽江发展的根基"。不忘初心,方能前行。生态是丽江发展根基的思路,也可以说是对这种"人类童年歌声"的历史回响。

(三)丽江生态文化对长江流域生态环境的影响

森林是自然生态系统的顶层,是陆地生态系统的主体,是人类生存发展的重要生态保障,其对于长江流域的突出作用更是不言而喻。保护长江上游生态环境,首先要保护金沙江天然林。优秀的生态文化传统,有力地保护了丽江独特的生态环境,极大地推动了丽江经济社会的发展。同时,丽江生态文化对长江流域生态环境的保护,特别是森林的保护产生了极其重大的影响。

回眸金沙江流域的生态变迁历史,许多历史上本来是林茂水丰的金沙江河谷区演变成了地貌裸露干旱少雨的金沙江干热河谷区。而在丽江纳西族长期居住的大部分金沙江河谷地区,却没有出现类似演变为干热河谷区的生态灾难，长期保持了良好的森林生态环境，直到20世纪80年代仍被称为"长江上源最后的绿色堡垒"。这种情况是由什么因素造成呢？是因为气候变迁？是由于自然地理因素？是天灾还是人祸？其实，这些问题，可以从丽江的优秀传统生态文化中找到答案。

"我们今天所面临的全球性生态危机，起因不在于生态系统本身，而在于我们的文化系统。要渡过这一危机，必须尽可能清楚地理解我们的文化对自然的影响。"美国生态和社会学家唐纳德·沃斯特提出的这一观点，成为是当代生态学研究领域一个新的重要理念。其实，这种认为生态危机的起因存在于"我们的文化系统"，而解决当今所面临的生态危机，首先必须认清"文化对自然的影响"的理念，在丽江历史文化中早已存在，并经历了千年探索和实践。应该说，居住在金沙江中下游区域的丽江纳西族善待自然的千年实践，正是"文化对自然的影响"的生动诠释。

金沙江河谷区分为上、中、下三段，丽江境内石鼓以上的红岩、金庄、巨甸、塔城属于中段，石鼓以下至华坪均属于下段。金沙江河谷区在历史上出现的最大生态危机，应当是森林茂盛水源丰沛的自然环境逐渐变成干热河谷区。而发生演变的起因首先是毁林开荒。曾几何时，植被茂盛的山林河谷，在人们毫无节制的砍伐森林、毁林开荒、烧荒开垦的刀斧声中成了荒山秃岭。就丽江境内永胜南片金沙江干热河谷区而言，史料记载这里原来也曾经森林茂密、山青水丰，明代以后，随着大量内地旨在垦荒屯田的移民的到来，大量森林被砍伐，这里的生态环境逐渐恶化，变成干旱缺水的干热河谷区。而居住的金沙江河谷中段、下段地区的纳西族，坚定自己的生态保护理念，以确保金沙江流域人与自然和谐为安身立命之基，以保护长江上源良好的自然生态环境为己任。得益于纳西族善待自然、严禁肆意毁林开荒、放火烧荒的传统生态文化，确保了长江上游纳西族居住地区上千年来良好的生态环境，从而避免或者说有力地缓解了演变成为干热河谷区的生态灾难。纳西族居住的金沙江流域，因独特的文化长期保持了绿水青山的生态环境，成为长江上源生态环境保护的一个典范。

丽江在长江上游具有无可替代的生态地位和作用。从历史到现实、从理论到实践，丽江善待自然保护自然的传统文化，对长江上源自然生态环境的维护意义重大，丽江人始终不渝地保护着区域内金沙江天然林的安全，使之成为长江上游最重要的生态安全屏障。改革开放以来，丽江传统文化对自然的影响力逐渐显现出来：弘扬生态文化传统，金沙江沿线的龙蟠、石鼓、巨甸等地民众率先启动"长江防护林"建设工程，并取得重大成效，为云南省"长江中下游防护林工程提供了宝贵的经验"；1994年率先停止砍伐金沙江天然林，以壮士断腕的勇气主动关、停、并、转黑白水森工企业。如今，丽江森林覆盖率已达70%左右，是金沙江河谷区自然生态环境最好的地区之一。

三、建设长江经济带生态安全重要屏障

长江流经丽江市境615公里，约占长江总长6300余公里的十分之一，主动服务和融入长江经济带建设国家战略，打造长江经济带重要生态安全屏障，争取成为长江上游生态文明示范区，是时代赋予丽江新的历史使命。

（一）丽江与长江的关系

丽江独特的自然地理、生态环境和历史文化，形成了丽江与

长江密不可分、不可替代、非同一般的关系。

——丽江是长江源流实现了"大江东去"伟大转折的地方。长江是中国第一大河流，源出青海唐古拉山主峰各拉丹冬雪山，从源头到切苏美当曲段称沱沱河，从当曲至玉树巴塘河口段称通天河，巴塘河口至四川宜宾段称金沙江，宜宾至湖北宜昌段又称川江，至湖南岳阳城陵矶段也称荆江，扬州以下亦称扬子江。长江上源自青藏高原奔流向南，在滇西北高原形成怒江、澜沧江、金沙江三江并流南下的地理奇观。然而，金沙江到了丽江石鼓突然转身向东，形成了"万里长江第一湾"，从而改变了南流方向，实现了大江东去的伟大转折，"江流到此成逆转，奔入中原壮大观"。

——丽江是以长江上源金沙江为名的地方。金沙江，全长2308公里，古称"若水""绳水""淹水""丽水""泸水""黑水""犁牛河""犁水""漾波江""麽些江"等。而丽江之名则源于金沙江，《丽江府志略》称："丽江尤界极西，外与吐蕃接境，号笮都国，元时始改丽江。其曰丽江者，则以金沙江得名。"其中，金沙江又称麽些江，是因隋唐时期金沙江中上游地区居民多为纳西先民麽些部落而称之。唐代《蛮书》："泸水从北来，至曲罗萦回三曲每中间皆有麽些部落。""南流过铁桥上下麽些部落，即谓之麽些江。"以江为地名，以族为江名的历史，反映出丽江与长江极其深厚的渊源。

——丽江是"长江永作心田玉"的地方。丽江历史上所发生的重大事件及深刻的发展变化，都与长江密不可分。首先，丽江先民是沿着长江支流岷江、大渡河、雅砻江南下，最终落脚于金沙江中上游广大区域。《木氏宦谱》中称其一世祖就是随江漂流到丽江的。这一传说与世界众多地方的民族传说相似，称许多创业英雄人是随江流而来的。比如，以治理水患著称的古蜀国王鳖灵，当初是一个随江流漂而到蜀国的外乡人；夜郎国王相传也曾是从江中漂流而来的能者；吐蕃部落第一个首领聂赤赞普，相传也是随江漂流而到波密的英雄。这说明人类早期的生存发展与江河的关系特别密切。以江得人、以江而兴的众多传说表明，在古代交通封闭落后的条件下，江河往往成为对外开放及人才流动最重要的通道，丽江纳西族当然也不例外。其次，丽江历史上重大事件均与长江有关，比如"元跨革囊"，是对丽江纳西族影响极其深远的重大历史事件。南宋末年蒙古军在丽江境内金沙江段革囊渡江南征时，丽江纳西先民采取了与其合作的行动，前往江边迎接蒙古军并帮助其征服大理，丽江历史由此发生了两个重大变化：元朝在丽江设立了丽江路军民总管府，丽江首次成为省以下的一个行政区；结束了丽江纳西族长期处于"酋寨星列、互不统摄"的历史，促进了纳西族内部的团结统一。其三，丽江发达的中原文化也基本是沿江而入。明初大量移民从长江中下游进入上游地区，丽江边屯文化由此兴起，丽江各族先民积极吸纳来自江南文化，丽江成为西南少数民族地区"知诗书、好礼守义"的汉文化昌盛之地。以江而兴的丽江先民始终把长江当成心中的江，视为丽江发展之源。"长江永作心田玉"，"金沙万里走波澜"。明代木氏土司的诗句所表明的正是丽江与长江的这种密切关系。

——丽江是长江上源水电、生物、文化、旅游资源极为丰富的地方。金沙江干流是我国第一大水电基地，其中，丽江境内金沙江中游段拥有"一库八级"水能资源，如今有六个梯级大型电站已建成，开始实现"西电东送"。丽江境内金沙江流域的森林及生物多样性资源十分丰富，是我国西部生物多样性最富集的区域之一，开发前景极其宽阔。丽江也是长江沿线自然风光最独特的地区之一，风光美绝人寰，民族文化更是丰富多彩，拥有世界文化、自然、记忆三遗产，旅游文化资源方面，丽江与长江中下游地区可以实现优势互补。

——丽江是长江的重要水源区之一。长江在丽江境内行走了615公里，丽江市水资源经流面积的98%属于金沙江流域，年产水量达84亿立方米，约占金沙江出境水量的17%。可见丽江作为长江水源区之一的地位和作用并不小。此外，丽江境内可建长江上游地区大型龙头调节水库，对下游地区的防洪、用水可发挥重要调蓄作用。

（二）丽江保护长江上源生态环境的探索与实践

丽江通过艰辛的探索与实践，从理论与实践的结合方面取得了众多保护长江上源生态环境的宝贵经验与教训。这是祖先留给我们的一笔宝贵财富。丽江在建设长江经济带重要生态安全屏障的新实践中，应当加以总结认识。

丽江纳西族自唐代居住到金沙江中上游区域以来，承担起了保护区域内生态环境的历史职责，通过千年艰辛探索和实践，不断丰富和发展了传统的生态理论，确保了金沙江天然林的千年安全，丽江成为历史上长江流域天然林保护最好的地区之一。然而，进入近现代以来，丽江境内金沙江森林资源不断遭到严重破坏。二十世纪三四十年代，国内著名植物学家蔡希陶、秦仁昌、冯国楣、吴征镒等到丽江进行金沙江林区植物考察时发现，金沙江的丰富森林资源正在遭到严重破坏，出于植物学家的良知和责任感，他们纷纷呼吁必须切实保护金沙江森林资源。其中，1939年，北平静生生物调查所庐山森林植物园主任秦仁昌率冯国楣等植物学家到丽江考察时，深感金沙江森林遭受破坏情况的严重性，他们在给农林部的专题报告中指出："昔日林茂，因滥伐焚烧，或夷为童山，或在加速破坏之中，如此惨痛情形，倘不立予设法制止，则恐不久将来，虽欲保护而不得，行见良木绝迹，荆棘遍地，即种子来源，反将向国外购买而未由矣。兴念及此，不寒而栗，愿政府当局及早回之。"1943年6月，金沙江流域国有林管理处在丽江设立，秦仁昌兼任处长，明确管理处工作重点为金沙江两岸500米范围内1358万多亩的森林保护。另据《民国35年丽江县县政三年建设计划方案》称："本县天然林，过去甚为丰富。近年来较近林区将已砍伐殆尽，较远林区虽然当可大量采伐，但若不加保护，则任意浪费之结果，仍不免成为童山。"可见到新中国成立之前，丽江金沙江林区已遭到极大的破坏，生态环境保护形势已十分严峻。

新中国成立之初，丽江各级政府把保护森林资源列入重要议事日程，1952年春，结合土地改革工作把丽江境内的水源林、风景林和5000亩以上的成片森林划归国有林加以保护。为严格控制林木采伐，1955年，丽江专署作出严格采伐树木的有关规定，在丽江县巨甸、永胜县设林管区以加强对境内森林的保护。然而，之后丽江森林资源由于各种原因大量减少，这种情况直到20世纪80年代才略有改观。

1994年滇西北旅游规划会后，丽江率先停止金沙江天然林采伐，实施省属森工企业转产，并以壮士断腕的勇气，坚决关闭了地县木材加工企业，大力封山育林，退耕还林，植树造林，发展经济林。同时，切实加强玉龙雪山自然保护区建设，加快横断山新主植物园规划建设,加强拉市海高原湿地保护,加强城市绿化,创建园林城市。结合落实国家退耕还林保护金沙江天然林政策,全市 2249.6 万亩天然林得到有效保护,完成人工造林、封山育林、森林抚育等公益林建设和退耕还林 673 万亩,全市森林覆盖率由 20 世纪 80 年代的 25% 左右上升到了现在的 70%。金沙江森林资源保护迎来了一个崭新的历史时期。

积极探索和实践长江防护林建设,是丽江人民保护金沙江域生态环境,建设长江上源生态屏障的又一重大贡献。历史上,丽江巨甸等金沙江沿岸一些地方常常遭受洪水的袭击,有的村庄、农田被淹,有的江堤坍塌,对沿江人民群众生命财产造成极大破坏。因此,当地有一种传统习俗:凡新婚夫妇,生男就要到江边植柳一棵,生女则要背一石头垒在江边,用以防洪固土。历史上村民单个分散植柳垒石固沙的行动,规模较小,成效也不大。新中国成立后实现了人民当家作主,从二十世纪五六十年代起,丽江金沙江沿线的龙蟠、石鼓、巨甸等地人民群众,不断掀起在金沙江沿岸沙滩植树固土的活动,自发实施金沙江生物固土防护林工程。其中,巨甸镇村民张小桐,数十年如一日在江边荒滩植柳,建成了长约 4 公里、宽 1 公里、面积近 3000 亩的柳林。全国劳动模范龙蟠乡宏文村村民和自宽,长年睡在江边种柳,培育出大片防护林。而在丽江解放前就种有数十亩柳林的石鼓镇,如今在该镇金沙江沿线已经建成了超过 5000 亩的连片柳林。丽江人民沿金沙江边植柳固土的实践,引起了国家长江上游水土保持委员会的关注,1988 年,金沙江防护林工程鉴评会议在丽江召开,与会专家指出:"这种运用生态林业的观点,采用筑坝导流工程与栽柳固沙生物措施相结合的金沙江沿岸防护林工程建设,不单是对沿江两岸产生重要的生态效益和经济效益，更重要的是对云南省和长江流域的经济发展和改善生态环境都将产生巨大的作用。"巨甸、石鼓、宏文等地的沿江护岸固土工作，为我省长江中下游防护林工程提供了宝贵的经验。"金沙江沿岸生物固土工程也荣获了"长防"建设科技进步一等奖。到90年代丽江境内金沙江长防林建设面积已超过50万亩。金沙江沿线柳林已成为丽江生态旅游的一个新亮点。

因地制宜发展生态产业取得了前所未有的成绩。改革开放以来，丽江结合生态环境保护和开发生物多样性资源，大力发展生态产业，提出了全市建设500万亩林果产业的目标，重点发展核桃、青梅、芒果、青刺果、雪桃、苹果、油橄榄、花椒等经济林果产业基地。到2012年末，全市共完成生态产业基地建设面积394.81万亩。目前已基本完成种植500万亩的目标，产业发展生态化，生态建设产业化的新格局正在形成。

当前，我们更要清醒地认识到存在的问题和困难、面临的挑战与危机。玉龙山冰川日益减退，玉泉河水连年断流，丽江市各地的河水流量都在逐年减少，河流湖泊的污染日趋严重，水资源危机越来越严重，坝区的田园也在逐渐减少……丽江生态环境保护的形势仍不容乐观，必须切实增强忧患意识、危机意识。

丽江地处滇西北高原，地貌类型复杂，金沙江沿线和部分支流区域存在着由于江河深切和人为干扰破坏形成的局域生态破损状况仍很严重。全市近30%的土地有轻度以上的土壤侵蚀问题，其中，中强度侵蚀面积占全市国土面积的9.2%，是频发泥石流、山体滑坡等生态系统毁损的主要根源。市内流入金沙江的17条主要河流中，达到一类和二类水体的占了70%，但部分河流污染已十分严重,其中,华坪鲤鱼河、宁蒗河、永胜仙人河、丽江漾弓江等水质降为四、五类标准。程海等高原湖泊水质下降、水量减少的状况令人担忧。全市的生活用水、生产用水和生态用水矛盾日趋突出,特别是丽江市区资源性缺水和水质性缺水日益严重。人均占有水资源仅有1700立方米,低于全省、全国的人均水平。随着城市人口的增加与建设规模的扩大,丽江坝区水资源不足已成为丽江环境保护中最突出的一个问题。

(三)加快建设长江经济带生态安全屏障的思考与建议

——坚持以生态文化建设为前提、支撑和根基。生态文化建设是未来生态文明建设的核心和根基。生态文化包括生态价值理念、生态伦理道德、生态行为准则,其核心内容是人与自然和谐相处。建设长江经济带生态安全重要屏障,首先要进一步深入持久地开展生态文化建设,不断提高丽江各族人民保护生态环境意识。习近平总书记指出,长江经济带建设"要搞大保护,不搞大开发",要重在修复长江生态环境。丽江在服务和融入建设长江经济带国家战略,建设长江经济带生态安全重要屏障的新实践中,必须认真大力挖掘和阐发丽江文化中人与自然和谐相处的生态文明理念,传承和发展以"人与自然是兄弟"、人类破坏大自然会遭到大自然报复、人与自然和谐才能共存共荣,以及禁止肆意毁林开荒、放火烧荒、捕杀野生动物、开山取石、污染水源等内容为核心的优秀传统生态文化理念。同时,深入学习党和国家关于生态文明建设的方针政策,学习当今世界一切先进的生态文明思想理念,加强国际合作,用世界的眼光和理念,更加开放的视野、开放的理念加强生态文化建设,扎扎实实立足丽江实际,加快推进长江经济带生态安全重要屏障建设。

——切实增强机遇意识和责任担当意识。充分认识和把握丽江在长江经济带国家发展战略中所处的历史方位、历史使命及历史机遇。实施长江经济带建设是国家战略，标志着中国经济的区域发展战略已进入新的阶段。融入长江经济带战略，加快建设长江经济带生态安全重要屏障，对于地处长江上游腹地，长江流经市境615公里的丽江来说，是一个千载难逢的历史性发展机遇，也是一种责任担当，决不可见事迟、行动慢。要按照习近平总书记提出的"在生态环境保护建设上，一定要树立大局观、长远观、整体观"要求，站在全局和未来发展的高度，抓住机遇加快行动，加强生态文明建设，推进基础设施建设和产业发展，努力把丽江打造成为长江经济带重要的生态安全屏障，争当长江经济带生态文明建设排头兵。

——搞好丽江建设长江经济带重要生态安全屏障的顶层设计和总体部署。近年来，为抓住长江经济带建设发展机遇，沿流域的各地都在争先恐后地制定自己的发展规划，以争取把当地的规划、产业政策、发展项目等纳入国家部署层面。对此，丽江具有十分优越的地位和条件，但是，如若见事迟、行动慢，将会痛失先机。当务之急，要按照生态优先、绿色发展的要求搞好顶层设计，以绿色环保可持续发展为目标，以更加开放的视野、开放的理念、开放的举措谋划丽江未来，努力做好丽江积极融入长江经济带，建设长江上源生态安全重要屏障的顶层设计和总体部署，为下游地区提供良好的生态服务和优质的生态产品。建议邀请国内外权威机构和有真知灼见的专家，认真研究制定"丽江市长江经济带生态安全屏障建设总体规划纲要"，以及生态产业、生态人居、生态文化、生态安全、生态环境保护等专项规划，明确丽江建设长江经济带生态安全重要屏障的基本理念、基本路径、基本原则、主要目标、重点任务以及有关的政策措施，力求定位高、内容新、举措实、含金量足，争取把丽江建设长江经济带生态安全屏障的规划、产业政策、发展项目等纳入国家部署层面。坚持以规划为龙头，建设好长江经济带生态安全重要屏障。

——全面贯彻落实"绿水青山就是金山银山"要求，努力生产和出售优质生态产品。丽江属于长江上源极其重要的生态功能地区，既是自然生态资源极其富集的地区，也是生态环境极其脆弱的地区。保护长江上游生态环境，既是保护丽江生存发展的根基，也是保护长江经济带发展的大局。党的十八届三中全会提出实行生态补偿制度，完善对重点生态功能区的生态补偿机制，推动地区间建立横向生态补偿制度。丽江首先要进一步保护和改善区域内金沙江流域生态环境，建设长江上游生态安全重要屏障，为下游地区提供优质的生态产品。同时在市境重点水域、林区、湿地等生态功能地区，率先制定实行地方性生态补偿制度。并通过各种方式和途径加快推进贯彻落实国家对江河流域的生态补偿政策，推进上下游一体共同保护修复长江生态环境，为下游提供优质生态产品的上游地区获得必要的补偿，让上游民众通过保护区域内生态环境也可以走上脱贫致富之路。

——坚持"生态是丽江发展的根基"的思路。丽江优美的生态环境、丰富的生态资源是最大的发展优势，最珍贵的品牌和形象，最核心的资源和竞争力，是丽江转变发展方式、推进绿色发展的基础和条件。自20世纪90年代以来，丽江市（地）委先后提出了"少砍木头多发电""建设绿色生态大区""生态为根""建设国家生态安全的重要屏障"等发展思路及战略。市委书记崔茂虎也强调指出"生态是丽江发展的根基"。不忘初心，方能前行。要结合丽江实际深入学习领会"绿水青山就是金山银山"等指示精神，进一步把生态建设融入丽江的经济建设、政治建设、文化建设、社会建设各个方面和全过程。切实加强山林草场湿地、水资源保护，生物多样性保护，田园风光保护，垃圾污水无害处理。进一步加强金沙江流域，以及程海、泸沽湖、拉市海、玉龙山、老君山等重点生态功能区保护和治理。

——坚持走生态建设产业化、产业发展生态化之路，加快发展生态产业和清洁能源产业，推进产业强市战略。按照有扶有控、做强做优、彰显特色、绿色发展的总体要求，明确定位，错位发展、板块发展，区域联动，切实加快发展速度、增强产业实力、优化产业结构、突出产业集聚、提高创新能力。要进一步加快生态产业基地、清洁能源基地、国际精品旅游胜地建设，以生态、水能、旅游等特色优势产业为支撑，以新型工业园区建设为重点，在继续做大做强做优旅游文化产业的同时，进一步加快清洁能源产业、生态产业的发展，做优第一产业，做强第二产业，做精第三产业，不断增强丽江独具特色的文化产业、旅游产业、清洁能源产业、高原生态产业的竞争优势，不断增加丽江发展的综合实力。坚持生态优先、绿色发展，因地制宜发展高原生态农业，加快核桃、雪桃、芒果、花椒、青梅、苹果、油桐等生态经济林产业基地建设，努力推动金沙江林区建设与经济林基地建设的有机结合，相辅相成、相互促进、相得益彰。

——处理好生态环境保护与基础设施建设、产业发展的关系。抓住长江经济带建设机遇，打造金沙江中上游综合交通体系，推动丽江与成渝城市群的无缝对接。加快金沙江中上游综合交通体系建设，积极推进华丽高速公路、丽攀铁路、开通金沙江沿线公路、金沙江航运等重大项目建设，尽快形成高速公路、铁路、水运、航空等发达的现代交通网，以推动丽江金沙江沿线生态文明态建设，促进金沙江沿线生态、旅游、水能等产业发展，把丽江金沙江沿线建成长江上游美丽、富裕、和谐、宜居之地，让丽江发展更好地融入成渝经济圈，融入长江经济带。

——深入实施"走出去""请进来"战略，积极打造"长江的丽江"。改革开放以来，丽江首先发挥民族文化的优势开展对外交流与合作，认真实施"走出去""请进来"战略，"让世界了解丽江，让丽江走向世界"，极大地提升了丽江的国际知名度，成为"世界的丽江"，成为"推动中华文化走向世界"的一个重要窗口。面对积极融入长江经济带建设的新形势新任务，借鉴成为"世界的丽江"的经验，丽江积极主动地开展多渠道、多形式、多层次的"走出去""请进来"，努力打破行政区划带来的壁垒，加强与长江流域地区特别是上海等长三角城市群、武汉等长江中游城市群、成都重庆等成渝城市群的交流与合作，让丽江真正成为名副其实的"长江的丽江"。加快推进丽江经济文化生态建设与长江中下游地区的融合，争当促进实现"长江经济带一体化"，以及区域经济发展一体化、生态文明建设一体化的马前卒、排头兵。

——进一步树立长江上源"绿色堡垒"品牌形象。金沙江天然林是长江经济带生态安全重要屏障的主体，首先要进一步加强退耕还林、植树造林工作。当前，要结合长江经济带生态安全重要屏障建设，进一步打造"绿色丽江""长江上源最好绿色堡垒"的品牌形象。以建设长江上游生态环境优美、宜居宜业的生态市为目标，深入开展建设生态村、生态社区、生态乡镇、生态县建设,创建"国家卫生城市""国家节水型城市""国家生态市""国家环保模范城市",争取获得"中国人居环境奖""联合国人居环境奖",努力树立长江上游生态环境保护最好、生态环境最美、经济社会与生态环境协调发展得最好的形象,成为长江上源充满诗意的绿色家园,无愧于历史和大自然的馈赠、改革开放新时代的厚爱。

"生态兴则文明兴,生态衰则文明衰。"在建设长江经济带的新形势下,加快建设长江上游重要生态安全屏障,是丽江最重要的历史使命和责任担当。

乡愁（一）：放鹰归林

和 湛

丽江季节分明，夏秋为雨季，雨量丰沛。田间作物种类繁多，生长成熟快，一茬又接一茬。此时到处是草深苗肥、一片碧绿的景象，而农事交织，农民格外繁忙劳累。四周山间橡实、榛子、松果等饱满熟透。野生禽鸟类多繁殖快，长体生膘速。特别是野鸡，一窝就孵化出十二三只，几天就能跑动觅食，三个月百日之功就长成满山林乱窜乱跑的肥嘟嘟的肉坨坨。冬春为旱季，物燥少雨，田荒农闲，除砍柴拉松毛等活外，人们多是起房盖屋，缝补衣物，准备年货。

"草枯鹰眼疾"的旱季，特别适合放鹰。

我村在城南坝子中心，地广人少，农活繁多，早晨出工三星未落，启明升空；晚上收工天已全黑，月牙挂树梢，长庚傍山。春耕复锄秋收，农事一茬接一茬，农夫少闲月，长达八九个月辛勤劳作，需要在珍贵的闲月里劳逸结合休整喘息。纳西男人以勤劳而著称，又以会享受生活而闻名。琴棋书画烟酒茶，是城里男人的高消费，而农家男人只能沾个边，陷了进去可不得了，会成为别人眼里游手好闲的不务正业者。

农民的农闲竞技体育活动是放鹰。

寒露油菜霜降麦，农事最为繁忙，季节催人，不误农时，早种一天就能多收几升。到立冬后吃上一顿收工饭"生竹律"，犁头高挂在房背后墙上，是秋收秋种结束冬闲开始的标志物。放鹰高手头领们急不可耐地四处探听好鹰的踪迹。鹰到家了，像新娘子进村的红喜事一样，像摇滚歌星出现在歌池，足球明星在绿茵场亮相一般，村子沸腾了，特别是小孩子们乐开了花。上学前，争分夺秒地去探视，因为上课不能迟到；放学后依依不舍地告别，因为还要为家里帮忙。

这是一只叫"五时"的黄鹰，在大鹰中排名前三位，雌性，天生的母爱在极端残酷的生存竞争中，要求它必须有强健的体魄，战胜天敌，保护儿女，寻找食物。虽有火爆猛烈的脾性，尖利的爪，坚利倒钩的喙，矫健丰满的双翅，特别是那对凹陷深如水井的鹰眼，但此时眼神凶狠愤怒又惊慌无奈，它一次又一次冲飞天际，又无望而归。虽然双脚被皮链套牢，知道已无力回头，但仍要展翅一搏，不甘束手就范。现在，它倒悬挂在栗木杆架上，原本可以轻松地翻飞回来，却像个顽皮固执的孩子，不肯回复就范，专等着主人托回到架子上头。从空旷的蓝天，无边的草原，莽苍的森林中形成的放任自由的野性，很难消除，也不愿消除。

但驯鹰人却有高招。

首先给鹰缝上眼睛，让它变成盲鸟，在一片黑暗中充分利用发挥仅存的听觉和嗅觉进行再教育。倾听人的讲话、口哨，接受人的摩挲、指令，熟悉人的声音、气味。找寻接受鲜美的嗟来之肉食——但要听话、乖乖。否则闻着香，吃不到挨饿。七天的黑暗生活，淡忘了先前的家——蓝天白云，默记并熟悉接受了新的主人新的家。

七天后放开缝线睁开鹰眼，当然开始只放一缝，让它从全黑暗过渡到半明亮，从缝隙中寻找拼接线与点组成的熟悉又陌生的世界，眼前的景象仍让它惊讶、疑虑担忧，也还存留着点想摆脱束缚高飞远走的图谋。但比起七天前，经过一周的强制性特殊教育已有很大变化，判若两鹰。这回放眼中的教育环境是打开窗子说亮话，教育手段是投其所好的肉食，方法是饱饿不定，最佳的教育时间是稍偏饿。就按这只鹰的本性顽劣程度，从最饿到较饿到不太饿为止。拴放在饥饿线上挣扎，随时随地都只靠近主人听话顺从方能过上好日子，才有出头之日。如果饿过了头，鸟的身体严重亏空，难以恢复，或者惹恼了它，它拒绝进食，就会抢救无望。这就是我们常说的度，适度原则下它就会被我们控制住，顺从驯服才有出路，犹如冷水泡茶，春雨入土，雪中送炭。量的发展超过限，事物就会走向反面，过犹不及。

如果说饥饿教育属于硬措施，还有情感教育的软措施作必要的补充，每次进食，主人用暖手轻轻地顺着它的脖颈捋到嗉囊，然后又在脊背顺着羽尾梳溜几下，还要深情地轻声细语地和它对话，就像母亲逗引喃喃学语的孩子一个模样。粗糙笨拙、火爆鲁莽的农民，在这只雌鹰面前，居然能拿出绣花的功夫，让它变得驯服且身手不凡，只等着点睛腾飞了。

至今，国内外很多地方驯鹰都是拴着一根细麻绳来调控，时间长达两三个月。在我们这里那是要被笑话的，而只能用一根无形的软硬兼具的"绳索"——老辣又合乎情理的个性化教育手段，时间缩短，成绩巩固，合乎情理，顺其自然。驯鹰和育人同理，有形的东西一旦去除掉，替代它的只能是有形的工具，摆脱这个工具是十分耗时的。相反，一开始就用一种无形的法子，虽然麻烦多些，还得走一些弯路、冤路，但每走一步都留下教育规律的脚印，循序渐进，扎扎实实，稳稳当当，很少反复，无须再走回头路，看起来（过程）慢了些，但最终一举成功，慢工出细活。从祖上算起还没听说过鹰逃飞了的事。一只十分优秀的鹰驯出来了，激动人心的放鹰时间就越来越近了。

且慢，常说的鹰犬，二者是缺一不可的。

村里家家养狗，大都是汗狗——忠诚而听话的看家狗，小孩屙屎一叫它就飞奔而来一口吃光，还用薄薄的湿润温暖的舌头把小屁股舔光揩干，顶得上是现代的"智能马桶盖"。但它不能"追香"，也不会走远，永远在房前屋后悠哉。这里说的猎狗一是叫撵山狗的，个子不大但凶残而善于在山林里奔走。猎人备好火药枪坐在野兽出没的口隘等候，叫"坝主"。他从狗叫（信息）声中知道猎物是什么，是否疲累了，在哪里，等到猎物现身隘口便一枪毙命。这种方式只有山里人在行。我们城郊放鹰犬叫洋狗，短毛、机敏，嗅觉特别灵。村里有两条，一条叫"白露"的，尽白布有淡红斑点，朝气蓬勃，不知疲倦，但性情急躁动作夸张，最好是叫它"大香"——在大范围内指出猎物藏身的大致位置，它的任务就算完成了，用根绳索牵住它，当然快立大功前夕没了它的份儿，它会十二分地不乐意。对不起，不这样做它会把满世界的飞禽都赶飞跑掉的。这时需要另一条叫"金龙"的黑毛狗出场，叫作"你方唱罢我登台"。它沉稳老练，甚至有点孤僻，无故不跑动，无事不发声，只在有十分把握的情况下，才向主人发出不可改动的信号——蜷伏在地瞄准着猎物的方向，急速地横向摇动着尾巴，只等着主人发出命令，它便一跃而起，野鸡起飞，猎鹰也同时脱手，十拿九稳。白露和金龙这对老黄金搭档在主人的调教下,互补长短,在鹰猎场上发挥得淋漓尽致,天衣无缝,是声名远扬的鹰犬双璧。当然,还要根据这只鹰的脾性能耐再借用邻村的猎犬来补不足,组建一支鹰犬(飞鹰的利爪和走犬的利齿与尖鼻结合一起的)团队,尽可能地达到最佳至善,使之万无一失。

"明天猎鹰。"这惊人的好消息犹如旱天霹雳在村子平头炸响了。对孩子们(支援部队)来说是仅次于春节的盛大节日。大人们(主力军)尽量装出平淡如常的样子,但内心犹如波涛汹涌澎湃翻滚,唯有更激烈的"休息"方能驱散长年累月的辛劳疲惫,这是现代心理学所说的强刺激。如靠睡大觉休息,只会更加昏昏欲睡,懒得动身。

东方欲晓,人欢马叫鸡鸣犬吠。出门最早的是孩子们,而大人们还在准备、准备,直到出发总还有遗漏的,但已顾不上了。大部队出发了。"老夫聊发少年狂,左牵黄,右擎苍,锦帽貂裘,千骑卷平冈。"这架鹰牵狗的"老夫"苏轼当时只有40岁,现在只能算是个中青年。这支队伍(大都超越"老夫")浩浩荡荡向西山呼啸而去。冲在队伍前沿的是狗与孩子们,一样地欢快、呼叫,要把教室里积压的闷气来个大扫除。到山脚又得十分不乐意地折回来,山里可不是闹着玩的,而且不需要喧闹。二拨是青年们,眼尖腿灵胆足,大派用场,是这场战斗的生力军,又是学习传承的主体。压阵的是中老年人,关键时刻不得不亲自决策出马挂帅,嘴上说是交权,最后一次,但看得出既不情愿又不放心。人类从娘胎里形成的权力欲望在这里表现到尽边尽头。他们尽量装出淡定沉默不屑的样子,实际有着运筹帷幄的大将风度。倒叫青年人既扫兴又激奋,跃跃欲试又口服心服。他们知道变幻莫测的猎鹰场稍不慎便鹰伤狗亡，元气丧尽。沿路十村八甲都知晓现云村的猎鹰队雄赳赳气昂昂地出村了，转回头来是丰硕战果满载而归，还是徒劳一场空手而回，等在路上看胜利战果还是闹大笑话呢？猎鹰人十分珍惜难得的好名声，这可是几辈人积攒起来的真金白银呀！

前边是片宽阔地，燕麦茬口与枯荒草足有尺把深，白露狂叫起来。主将把臂上的鹰托握在两手中，随时准备掷出手。这是无声的命令，大家憋住了呼吸，把狗绳牵牢，单放出关键时刻派用场沉稳的名犬金龙。年轻人迅速散开找到自己最佳的瞭望高地，金龙趴在干草丛中高竖着足以定乾坤的尾巴，从左右上下的摆动中传递出猎物的大小多少远近，紧随其后的，主将找寻最佳位置，把腰身弯伏到贴着草尖。这时狗尾——胜利的旗标静止不动，像划在战略图上的红箭，托握着的鹰微举起对准箭头狗尾。金龙从草丛中跳出来猛扑过去，两只野鸡啪的一声起飞了，主将将鹰对着短尾（雌）的投了出去，没飞出三丈就被抓落下来，真是爪到"禽"来。呼喊声震荡山谷。话分两头，一头从利爪下把猎物解脱出来，当然脑浆归鹰——这是定数。另一头是眼尖又占有高地的年轻人和狗们看准了另一只拖着美丽长尾的雄雉钻落的准确位置呼啸而去。它亲眼看到伴侣的下场，又被狗吠人叫的呐喊声吓得魂不附体，对猎人而言，手到擒来。偶尔有还能起飞的叫三乘，飞落在不远处头钻埋进草木丛，却把屁股尾巴露在外边，尾羽被扯拔掉了，它还硬是装死不出来。这时，可以先抽袋烟慢慢打整收拾，已是囊中之物随要随取。

一次轻而易举的小胜，鹰兴（还包括人与犬）大发。这时可乘胜追击野兔了，这专门在灌木丛中出没的家伙可有能耐，前肢扑打，后肢蹬扬，稍有不慎鹰胸就会被它蹬破。先得让猎狗撵得精疲力竭，找准在旷野上奔跑时从背后放鹰，当然好的鹰飞停在树枝上自己会找寻最佳战机，如果狡兔突然转身，一对红眼直瞪着快飞到头顶的鹰——这是极其危险的夺命翻扑前兆，鹰会虚晃一枪，在它头顶盘旋，不离也不弃。加上人和狗的加压（兔）助威（鹰），是狡兔在忙乱中也有失足的时候，才缩头奔逃几步，便毫无征兆地躺在鹰的利爪坚喙之下了。

水世界是野鸭们的天堂，嬉戏、寻食、躲避三招"如鸭得水"，不亚于水中鱼。当它们预感到猎鹰队伍的到来，随着头领的一声警报，都一致地潜入水中，湖面变得一片平静，这可是猎鹰人求之不得的。知道它们闷水能耐只有五分钟，都会从湖心钻到岸边草丛下来，单单伸出嘴鼻深呼吸，感到时机不妙又远游向湖心，看到敌情未消散又游回湖岸边来叹息。去去回回，它已筋疲力尽，等候多时的猎人拿土块石头向水里投去，惊慌忙乱中野鸭不成阵四散飞去。当然见过世面"久经鹰场"的老鸭仍向湖心飞去，勾引诱骗，如果鹰出拳，紧紧尾随着潜入水里的鸭子就会扑倒在水面，蓝天中翱翔的雄鹰跌进水面只能扑腾自救，浸湿的羽翼抵消了它的全部能耐，只等着游向湖心的猎人救急救命。不过刚出窝穴羽翼未丰的鸭子在忙乱中会错飞到岸边来，这是鹰出拳的天赐良机，被抓伤了的鸭会直直地从头顶掉下来。

这鹰犬的黄金搭档，可不是年年都能碰上的。每次出征总是满载而归，一路上歌声笑声，每过一村人们都全体出动，围观时交口称赞：鹰有猛禽相，犬现猎狗种，人个个气宇轩昂，得意洋洋。真是鹰占人势，人占鹰势，犬则在两者间转轮穿梭奔走讨好争宠。

从此鹰"五时"名声大振，四里八村都来租借。一是作为模范生叫它示范调教顽鹰劣鹰。二是借它放猎，满足一下优秀鹰犬的高级情趣。当然对这些美意只能是有选择地答应。因为好鹰可不能离主人半步啊！

美好的时光如白驹过隙，刹那间冬闲三月已尽，欢快的过年十五天又溜走，传统神圣的"棒棒节"到了。随着布谷鸟的一阵紧过一阵的叫声，预示着贵如油的春雨将临，"春种一粒粟，秋收万颗子"的催人季节已到。在漫长的农业社会里借用"悯农劝农"的棒棒节向世人宣示：劳力归田，人心归地，春耕备耕，不违农时，不得延误。这是渗透到民俗里的靠天吃饭时代的最高指示。

猎鹰已停止，必须放鹰归林。无声的命令让猎鹰人撕肝裂肺、痛不欲生，三个来月百日时光的相互融合、理解、相助、相知，让人难以割舍。人从鹰那里得到稀缺的生活乐趣、生命的价值；鹰从人那取得了生存竞争、丛林法则的野外所没有的人情人性的温暖，以及劳作的回报。但他们终于双方得出了不可改动的共识——分离。鹰终归要回到蓝天白云森林草原的家，很快就到了寻偶繁殖的呼啸歌舞的明媚春天，有的还要拖家带口地从南方莽莽森林迁徙到遥远的北方茫茫草原。人呢，农夫少闲月，春耕夏锄秋收一拨接着一拨，在田间劳作奔波，没有闲暇顾及鹰犬。

正月十五放鹰归林。村子里只有记性好忘性大的孩子们能完成如此沉重而庄重的使命，因为大男人们的眼睛又红又肿像熟透了的桃子，双腿又沉又重像灌注了铅水，原本就粗糙黝黑的猪肝般的脸上又添加了青紫。声音沙哑，脾气乖戾，就像干透的鞭炮一点就爆炸。连那些因为男人们长达三个月来"感情旁移"而不少埋怨指责的妇女们，面对他们又"移情别恋"浪子回头归去来兮,倒又放声痛哭起来,有的还昏死过去掐人中穴抢救。我们架着鹰,拨开人群,抛开持续了三个月有关鹰主角的头号话题,大踏步地向山那边走。终于摆脱掉了身背后的千万句嘱咐,这些叮咛可用两字概括——善待。爬到文笔山丫口,视野开阔,头顶蓝天,脚下是拉市七河、丽江坝子,是放鹰归林的绝佳之地。再饱喂一顿美餐,解开绳索,无牵无挂,让它重归自由。如果它兜圈子盘旋而上,很快就会在白云和黑云间消失。相反,要是直直地飞到前边林地枝上,还对着我们叫个不停,说明它留恋人寰,还不想走远。我们只能铁了心,拿石头土块去驱赶,它几次不情愿地冲上天空(但没有能转圈盘旋)又落了下来,对着我们呼叫,盼望乞求人们回心转意收回成命……

放鹰归林任务完成,太阳已傍山,孩子们到这时才感到如释重负。在暮色中看到看见挤在村口探问"放情"的一大堆人影,又都搜肠刮肚地说着:一松手,鹰就盘旋着飞到白云黑云家里去了。还把熟悉的鹰脚绊绳(现在它已套牢在孩子王的手上)让大家看。驯鹰大叔把一只手按在我头上问:"说,怎么飞去的?""直飞,"感到头上那只滚烫的手在微微颤抖,我急忙改口,"转着圈子飞到天上不见了。"怕说不圆,又补充道,"还从云朵里屙下一泡稀屎来,差点滴到我头顶。"

这些问话和解答,只是例行。他们都完全清楚,这只鹰和人之间的怀恋、眷恋、依恋、热恋、惦念、想念、怀念、挂念的两边是完全相等的,不同的只是谁更深一筹。

现在,坚强的庄稼汉们,思绪纷繁、魂不守舍、愁绪满腹,处处现着不舍。妇女们都知道,只要能平安度过七天"危险"期就没事了,当然在灰色的七天内,她们会轻言细语,平心静气地服侍这些离愁别绪中的男人们。后来传言，鹰大叔连着几天带着鲜牛肉爬到放鹰地去，希望能让回头来的鹰吃一顿最后的午餐，每天都是直到天擦黑才回转来。在夜色中看到他沉重蹒跚的步履，微微佝偻颤抖的身躯，就知道没有如愿以偿。

七天后村子又恢复了往日的喧闹、生机。年复一年地重复上演着这场悲喜剧，地点仍在城南乡间，只是主角不断地更换。世上很多东西在重复中变味、流失，而它却不改初心，不变本色。

法国启蒙运动思想家孟德斯鸠在《论法的精神》中说，在民俗十分严密全面的地方，法律就显得简单多了。"天人合一"这个古老的哲学命题在这里作出了"丽江答案"，书写在古老乡村的民风民俗中。人与自然是同父异母的兄弟，自然是正室前母所生，而人是偏室后妈所生，定格在前后主次正偏不容调换的血亲关系上。同时先是人犯错（毁林开荒、污染水源、捕杀孕兽、贪欲无度）后遭自然报复（洪水滔天、瘟疫肆虐、风沙、虫害）责任错对分明，前因后果清晰，不容倒置。所以自然是债权人，人是债务人，是人要还自然的债，人要规范自己的行为以适应自然，约束自己的欲望，把取与予放在适度范围，用神圣的祭天和祭木来表示改错补过的决心与行动。

所以趁冬春农闲休耕的三四个月，借助猎鹰休养生息，劳逸结合、养精蓄锐，以换回更多的精力投入到春耕生产中。休闲与劳作要分配得当。如果玩物丧志，农民不思种地，长年架着一只鹰四处飘游浪荡，游手好闲，是要遭社会舆论的谴责的，是二流子，连老婆都找不到。这一类人已过去了几代，总是又拿出来当作反面教员，直呼其名不肯放过。

几个月后，鸟类都到了繁殖季节，一对鹰一次只孵一至两个蛋，生长期又长，不应该在人手中耽搁了珍贵的新生命的诞生。其他鸟类也都一样，在繁殖季节被捕杀，丧一命能抵一家几命。所以，春三月应营造鸟类的天堂：春回地暖，芳草萋萋，莺歌燕舞，求偶叫春，还鸟类一个无人干扰、自由自在地幽静松弛的天地。农民有要事去山林都得进出验身。不打阳春鸟，不掏鸟蛋，不捕幼鸟，成为民俗。人们相信：如果这个时候猎鹰，是会遭报应的。

千百年来村里没留下鹰猎规范的断碣残碑或史志典籍，却在民俗中找到了"放鹰归林"的"都蒙"印模，坚持到今天，不背初心，不改初衷，丝毫不走样。据说外村有些乡绅富豪也有过留鹰三年的（这是大限），但却累遭舆论的抨击围攻，他们把鹰养在深宅不敢亮相，最终也不得不偷偷放归山林。

乡愁（二）：城南旧话

和 湛

我的家在著名的丽江古城南郊，离城三公里，叫"五托唱"，一说是坡背后的村落，"坡"当然指的是狮子山；又叫"本满"，是街背后的村落，这一说法较符合实际，说得通。因为狮子山坡背后有叫"五托"的，是指寨后、福慧村，我村虽在坡南，但与城平地相连。当然也有戏称为"卡塔唱"，只有女人围腰布那点大。后来仿汉制，取名白马，隐喻是白马氏的后裔，又借白马驮经的故事，建了白马龙潭庙，庙西叫西白马，庙东叫东白马，我村属于东白马。以后又不知出自哪个文人之手，取了个漂亮的"祥云""现云"的村名。村周边500亩土地，村里有15户人家七八十人口，是丽江坝子里典型的地广人少的村庄。一年到头春耕夏锄秋收冬藏，都是清一色的劳作负重，没有闲暇，面朝黄土背朝天的庄稼汉。新中国成立后，在互助组、合作化、人民公社、包交提留中现云村都走在最前列，就是在"文革"时期，仍然以"人均有粮双千斤、贡献一千斤"名列全地区前茅。"文革"期间也曾改村名，改革开放后又恢复"现云"，有"彩云南现"的意思，经过生机蓬勃的发展，现已成为富裕祥和的城中村。

村庄

村庄是农业社会有机体的细胞,个人立身、家庭立业的依托,是分散的小农经济沙子赖以结合成整体的基本单元,对大部分目不识丁的边远村寨的农民来说,家、村、国的排列次序不容错乱。在他们来看,最显的法就是村规民约,最牛的官就是村里长老,最受人尊敬的是村社贤达,最需传承的是民间风俗与民间礼仪。就靠这些,在被遗忘的星罗棋布的乡地王国中维持着平静与秩序。像一潭潭池水,有时"风乍起,吹皱一池春水",但又很快趋于平静、寂静。潭上漂满的浮萍与蓝藻,又把它遮盖得原模原样。

这是一个椭圆形的、有15户七八十人的村庄,长300米,宽200米,只要有人在村口振臂一呼,全村都能听到,鸡犬声相闻,往来密切。在没有喇叭通讯的时代,人人都有一副天生喊叫的好嗓子,催孩子回家吃饭要叫,放牛放马要叫,上山找柴要叫,老母猪拱菜地要叫……在这些自由公示的叫喊中人们判断起居作息时间,互相通报各家各户发生的私事。唯有对村外才有些隐私。如果说北京的四合院是人际亲情的融合平台,那么这里的村子就是放大了的四合院。

村中间一条五尺道贯穿东西,中间有三条小道岔了进去,加上两头分五个家族团聚而居,在大的村社中又有小的族群,这种居住方式强化了大圈内套小圈的乡村关系网,形成环环相扣的趋利避害的链条,有时村民内有些摩擦,稍有不慎很快上升为族群间的事。深谋远虑、见多识广的族长们总是熟练地把持住一定的度——村庄的平静与和谐,随着时日的流转逐渐减缓消融。但如若在中间发生村子间的摩擦,人人都会捐弃前嫌,用一个声音、一股力量对外。在这非常时期，假如哪个村民仍纠缠于村内旧事，那是要遭到众人谴责取笑的。个人及家庭的事再大比起村里大事来只算是小事一桩，特别是小村庄，往往在与邻村争执中，表现得格外团结、彪悍，男女老幼齐上阵，那些妇女一反温柔腼腆的常态，"高调"地参与进去。一旦"妇女之火"燃起，两边的男人们才会冷静下来开始变得理智，由是专做一件事——劝架，抽了薪沸腾的油锅便平静冷却下来。几天后又恢复了乡间风平浪静的原貌，好似这里什么都未曾发生过，笑着打招呼，围着圆圈歌舞，频频地走亲访友。这是地处法治边际山高水长地段解决社会矛盾的常态、惯例。不闹不成乡村，闹大也还是乡村。黑云翻滚又云开见日，变化无常又有规律可循，因为大家都要在同一片蓝天下劳作，同一条水渠边生活，不可能有你无我，也没必要有我无你。

村庄掩映在树林中。从山坡上往下看丽江坝子，星罗棋布的是绿色的树丛，只有看见从绿丛中偶尔露出的粉墙，才知道那是村落。最高大的楸木四五丈高，来春三月开满了粉红的花朵，撑挂在半空中的乔木花煞是好看，只是这里无人去赏花，因为农村最常见的皮肤病也在这季节复发了。一二十年轮树龄，主人就间伐它（反正会从根部发出更多新枝），是上好的房屋及家具的材料，韧而坚，易操作还防腐防蛀。长在路边遮天蔽日但都有主的是核桃树，7、8月份成熟脱壳，只要不摇不打，落在地上的任你去捡。还有几棵参天的小柿子树，成熟的果子由黄变黑，仍牢牢地挂在树梢，需用长竹竿打，最简便的是用石头冲。柿子树下常有狗屎马粪，卫生条件差些，小孩们哪顾及这些，边捡边下口。遍地疯长的是毛桃和梨、杏、李，可能是土质的关系，一样的又酸又涩，在野地里自生自长自灭，无论长在哪块田头，哪家屋后，都是没人认领的无主树。从初成浆果起直到成熟，树上都爬满了摘果的顽童，就像名画《白嘴鸦归来》一般，树上全是黑点（影）。清一色的爬树高手，哪怕从高枝上摔下来，拍拍灰又站了起来，每个孩童身上都留有不治自愈的值得骄傲炫耀的累累疤痕。边摘边吃，从不夹带——其实家里母亲缝制的衣物根本没有口袋，偶尔缀有一个的，早就被扯撑破了。孩子们并不在意，反正成熟的果子都天然寄存在树上，伸手便可取来享用。

叫人不能忘怀的是村外头的几棵大桑树，与沿海的阔叶蚕桑不同，是三角叶，枝间挂满了一串串的桑椹，由绿变红，由红到黑三个多月的孕果到成熟期，孩子们都绝不放过，照吃不误，果也越结越多。更神奇的是，桑树主干都是横躺着的，爬树下树都十分便利，手脚灵便的还可以跑上树梢去。到桑椹成熟季节，孩子们的手、嘴，甚至拉出的粪便都是紫黑色的，少有例外，见怪不怪。从未熟吃到烂熟的野果子还练就了一个个健康的充满野性的胃，也练就了在恶劣环境下生存生长的蛮壮的躯体。

酒

酒是一种特殊的饮料，年代久远。早在两千五百多年前春秋战国时就已有酒，但那酒都是浸泡发酵的黄酒，味道很淡。古典小说中常见"筛一碗酒来"的叫呼，就是把糟筛除掉。这种水酒，好汉们能一口气喝它个十八碗而不倒，还能过冈打虎。

村里过去家家都要泡坛这种黄酒，纳西话叫"日纳"，还有个美丽的名字"苏里玛"黑酒。它淡而浑，与浓而清的白酒拥有不同的风情。它制作简便，妇孺咸宜。若是用成熟未透的青稞、高粱、大麦为原料，这是上等的"喷梅"酒，略带青色与碧蓝天空颜色类似。由于出酒率低，一般舍不得做。

这里喝苏里玛，简便得很，无须筛倒，用大麦管去吸饮便可。喝酒纳西语叫"日停"，苏里玛是要吸饮，叫"日气"，分得很清，不可乱套。所有的禾秆里，大麦空心足，韧性强，秆子长，乘成熟带青之际，剪下来一捆捆地收藏好。客人一进门，无论男女老幼，先发送一管麦秆引到祖母房内酒坛边，三四个人从东西南北四方伸进吸管，常挂在嘴上但百思不得其解"同饮一坛酒"，就是指它。无论有什么大事要事丑事美事，酒后再议。因为这里不会酒后失言，更不会也不许发疯。苏里玛只会让客人微微脸红，微微兴奋，微微轻飘，微微骄傲，也微微地善良豁达话多热情起来。而这坛边说出口的每一句话在日后都要一一兑现。如果有忘性大的，只要一提起某日"在坛边"三字，他会羞愧难当，赶紧补办。

到我记事时起，坝子里苏里玛也很少酿制（闷热的江边村寨到现在还可品到），取而代之的是烈性白酒。

我小时候印象最深的是"买一瓶酒来"。母亲递给我一只半斤陶瓶，瓶口上用一根结实的麻绳横拴着一根黄澄澄的鸡腿骨，不知它"服侍"过多少只碎瓶。母亲帮我把这玩意儿准确地置于食指和无名指前中指之后，使劲钳紧。这可是个绝活（因为瓶碎酒洒，空手而归的情况也是有的）。所有打酒的孩子都统一于这指法，打的半斤瓶是家里自酌，打的一斤瓶是有客人来对饮，五斤的罐是有两三桌人——撒种、栽秧、砌墙等大农活，转轮互助帮工，那就得母亲亲自出马背酒回来。如果酒家扛着大坛子下乡送酒来，那是要办红白生辰等大事，酒钱可以赊，而且还给打折。从瓶、罐、坛的规模、级别路人都可以判断出主人家里要做什么，有什么事，规格场面如何。

顾彼德在《被遗忘的王国》里多次写到他坐在小酒吧看街景，那是有太多闲暇时间的有钱人喝酒度日。农民进城喝酒，一是劳作之余难得有闲工夫，又碰上好天气。二是卖了点农产品手头有些宽余，还有部分私房钱。这当然逃不脱明察秋毫的女人们的眼睛，但默许，松紧有度是管家的法则。三是心情格外爽快或是碰到背霉之事需要发泄或浇愁。说是酒吧，其实小得只能容得下三四个人，摆着一张大柜台，柜台里永远坐着一个低着眉眼的女主人，不急也不急，左手边放置着几坛酒，都是自己家酿制的。每家都有酒曲配制的独特秘方，放很多种草药，还有适量巨毒草乌。用的水是自家井里的（当然水源都是纵横古城的玉泉）。虽然配料都是一样的大麦、苞谷、小麦和大米，但比例不同，并随着季节而有所变化。所以百家酒吧能酿出百种风味来，唯一不变的是纯正、醇香。右手边盆子里放着二两、八两、一斤三种打酒兼用的长柄竹制量杯。这是民间私下制作的，比之官办的度量衡宁可放大也绝不会改小。城里人喝酒似乎怕被熟人看到，都是坐在最里头的小矮凳上，面前置着一张同样高的小桌，摆着自带的几碟小菜，静静地小酌。憨直可爱的农村人则喜欢坐在柜台前，张扬而豁朗。他们一般不用下酒菜，专点有辣头的头道酒，空腹灌了下去，从嘴喉一直烧烫到胃肚，面红耳赤，酣畅淋漓，有时边喝边高声吆喝。看到路旁有熟人过来，也要拉过来灌上一杯，客人站着喝完就赶紧走开，当然得撒下几句感谢祝福的好话。直喝到太阳落山，天色擦黑，算完酒钱（对于醉客，店家只收七八成，权当是送醉礼）找补的钱帮他装在衣袋底。如果发现醉客带着很多余钱，店家会暂替他保管好，明日清醒后客人会来取回。熟人社会里的良心债，酒醉心明白，不醉也明白，这里从未听说发生酒后"债务"纠纷。在酒坛边,所有的人一律平等,一样善良。

这些醉翁们,一出了城,刚踏上乡间小路,嘴里大声地咕噜着,重复着莫名其妙的话。当然圈内的人是能破译这些咕噜噜话的含义,无非是"我有钱,我高兴,我回家,我没醉,我要喝!"长年累月受闷气受压抑的庄稼汉们,酒催灌醒了自我意识,解开百结愁肠,睥睨一切,茫茫然,飘飘然,似乎苦尽甘来出头之日已经到了。他们一路跌跌撞撞,东倒西歪呈之字形(这是乡间标准的醉步)。村路本来就不宽,现在全被他们占了。颠到左边缘,眼看就要掉到沟里,便戛然收住(从来没听说哪个醉翁掉水里的事),又颠回右边,循环往复,斗折蛇行,不到三里的路,至少要乘以二,有的还更漫长,就看酒精饱和的程度。早等在村口边的女人们对此狼狈相习以为常,见怪不怪,更主要的是她们理解。风里雨里、奔波劳作,没有透气工夫,重活脏活压得他们的男人过早衰老。难得有这样半日闲,暂时用酒精抚慰受伤的心灵,明日绝早又得在田里忙活呢。理解万岁!善良宽容的婆姨们,就是她们宽广的胸怀包容了家族的全部磕磕绊绊,维持着乡村的宁静平和与诗情画意,人生难得几回醉!我们小孩则躲在一旁暗自窥视,好笑又不敢出声。万一被醉翁们抓到,他们便会装出要往死里打的架势,其实内心善良得像弥勒佛。只是要有足够的耐心倾听他们没完没了的酒话,不能走神,还得装出心悦诚服的样子。但最受不住的是没完没了加上没头没脑的问话,还得一一回答,但永远答不完——因为酒精包装他们满身披挂,成了打枪不入只出不进的金身,他什么都没听进去!到第二天,醉翁们又重新现出往日那副庄重得体的村老真身,好像什么也没发生。而你千万别提昨晚醉相旧事。当年乡村膀圆腰粗力壮如牛的往往是三碗不倒的酒神。喝的是自酿的纯醇正品，个把月就这么喝醉一两回，而且出大力、流大汗进出得以平衡，这也是酒的功劳。

在贫瘠而单调的乡村，酒还是生活的调料，人际的传媒、家族地位的标星，大众娱乐的笑料。常说兵马未动，粮草先行。无论有什么活动，酒是先行官、吹鼓手、黏合剂、调味品。请个帮工，先得备酒，斩只鸡鸭，有酒才能下刀。孩子在外闯祸，牲口吃了人家的庄稼，婆姨不慎说了得罪人的话都要拿瓶酒去赔不是，酒到事了，一概见奇效。婆姨生个小孩，甚至老马下驹、母牛下崽，要给第一个闯进门的头客，劈头盖脸浇瓢冷水，然后请尝杯闯入酒，还得说上感谢光临的话。当然头客也精心选用最吉利的话来祝贺。上山砍错了树，被巡山员收去了斧头和砍刀，也只有提上一瓶酒方能赎回。为儿子说媳妇，得送上三大礼，民间一概叫送酒。其实在米、糖、茶、布、鞋、衣等礼品中，酒只是其一，却有资格代表全部礼数，可见酒的纯度和分量。媳妇要坐月子，得赶早准备酿泡三大坛米酒，一坛足有三十斤！新生命刚呱呱坠地，产妇先得吃一大碗红糖鸡蛋糕团米酒压惊兼催奶。在坐月子的四五十天里，哪怕没有肉吃，还断了粮，每天早晚两大碗米酒是少不得的。

酒还渗透到民间习俗中，如小孩不慎眼里进了小虫子什么的，大人过来解救。不要揉，先叫小孩把眼睛轻轻闭上，然后叨念着："老婆婆，一头黄牛闯进你家园子里了，敬献半斤酒，请让我赎牵回去。"扒开眼皮，噗的一吹，不速之客就和着泪水冲了出来，还得用手指头刮下来让小孩看，这头"黄牛"还轻轻地蠕动着呢！写到这里我的脑海中又重现出母亲那带磁性的诚恳焦急而沉稳自信的叨念声，和带着碱味口水的那口冲气。

字纸炉

村东头丁字路口有一个叫"字纸炉"的地方,是用砖砌成的长方形的建筑,上盖个尖顶。上半部分中间空心,是装"字纸"的,下半部分是接装灰烬的。那时,农村识字的人不多,缺纸更少字,一般家有几本老皇历,《万事不求人》(类似农村日用大全)、《三字经》或什么算命的书。能有本《幼学琼林》《东莱博议》《唐诗三百首》等算是孤本、善本,常常束之高阁,常人很难见到,因而上面都积满了尘土。有几家出了个高等小学毕业(其实往往是修业)的,据说曾有过几本课本,但随着学业的接近完成书也消磨得日见其薄、卷、瘦、浅。也难怪那些年幼的学子们不会爱惜书,时尚流行的书包是一块方青花布,对角折过来,里头裹着书,外层还要包午饭——发烫的一块灶火中烘出中间塞满辣子腌菜什么的干粑粑,然后拴在腰间。老师们只要摸摸书包的温度,就可判断学生是否曾在路上玩耍耽搁。记得老师见了我的书,问:你是垫在枕头底下的还是做垫背?确实上边说的四个特色皆有。偶有字纸掉在地上,捡起来先塞进壁缝里集聚,然后顺路送进字纸炉中。祖父每在路上捡回只文片纸,先对着太阳光反反复复地叨念那几句已掐头去尾的字,然后自己将它考证猜想连接拼凑起来,又然后指责那些不知敬惜字纸的顽童,最后折叠齐整,送进炉中。

农村一年最热闹的是除夕,家家都要新桃换旧符,农民们神圣地把旧对联一点点撕刮下来,然后用干净的小箩筐装好送进炉中焚烧,多远多远都可闻到烧字纸的香味。爷爷总是念念有词:"花香不及书香远,世味何如道味浓","多闻一点字纸香气终身受益",鼓励我到炉边帮村人把字纸烧掉。当我急忙跑到炉边去闻书香，有些同样需要祈求学业有成的孩子们早就翘着鼻子在那里享受"美味"了。通过敬惜字纸的字纸炉潜移默化成知书达理、尊重知识、尊重人才、尊师重教、崇尚学文断字，成为地处边陲的少数民族乡民们的共识，并逐步转化成督促孩子们读书的习惯。在字纸炉旁，每一代都有学业有成者出现。新中国成立初期的1953年，同时在一中读书的就有七人，其中和珍家就有兄妹三人。

字纸炉有时还起到昭示处的作用，如甲长保长发布的告示，或哪家有夜哭儿、夜尿床的写帖咒语放在这里，"过路君子念一遍，一夜睡到大天亮"。

甗炉

这个古汉字早已不用了，音 yàn，指古代蒸煮用的炉具，陶制或青铜制品。我村的炉子，与古代的甗一模一样，只是把它放大了几十倍而已。它在村西田坝子里，石头砌成，高约八尺，中空心，圆筒形。底下有一个通风洞，中间有一个方门，约一尺，封顶，上边沿有东南西北向的四个小烟洞。甗炉在村民的生活中担负着很重要的角色。

各种来路尸骨的焚烧炉

过去，野外随处可见到死牛、死马及狗、猪、猫的尸骨及其他污秽之物，既不卫生，又不雅观，而且夜间发出磷光，怪恐怖的。总是有积善的村民把它搜捡集中到这炉子里，成为野外动物的"太平间"，所以在我村周边很少看到抛尸野外，臭气熏天，乌鸦野狗成群的脏乱景象。有时夭折的和不干不净的尸体也在这里焚烧。记得小时还曾用马绳把一具娃娃骷骨拖丢到那里去。有人说这样的绳子是不能带进家里的，怕有野鬼牵连，要连绳一起丢了进去，大凡路边见到绳索、钉子之类是绝不能带回家中来的。大家动手从一块外村大麻地里剥皮撕拆搓成绳子赔给他。

进行驱赶冰雹的仪式所在地

每当夏秋观测到出现乌云镶着亮边时，知道是要下冰雹了。（传说冰雹是三只青蛙在那里呵气作祟，如闻到骨头等秽气，它就只会吸气不能喷气作怪了。）就得快捡一些干刺禾，割些蒿枝、柏叶等气味浓些的绿叶，加上牛马粪、狗屎，轮流专人带着火种伺候在那里，到冰雹快到临近点已在远处传来沉闷的吼鸣声的关键时刻，村里吹起牛角号。炉火点燃，一股刺鼻的滚滚浓烟随风冲天而起，说这股秽气能驱散乌云，制服魔王灾星。整个村头只要能发出响声的就得发声。男人、小孩、妇女们喊叫、敲鼓、击盆、砸瓦片、打板子、吹口哨。猪狗的号啕，马的嘶鸣，牛的吼叫，树上的乌鸦、喜鹊、麻雀带感染力的鸣噪，巨大恐怖的响声一村波及一村。平时十分宁静的乡村一时间浓烟滚滚，电闪雷鸣、风骤雨急，我国北方的鼙鼓狼烟也不过如此吧。响声震天，带有爆炸性的空气，就如世纪末日一般。只是不当家不知灾害苦的儿童们，看到这场强刺激反而感到高兴、激奋，嬉笑着在雨中乱窜，哭成泪人儿般的老奶奶们伸出颤抖的瘦骨嶙峋的手指骂着"造孽，天打雷劈的东西"。大男人们对此习以为常，因为他们的昨天也就是这样过来的，而且这关键时刻哪怕是一只小雀喧闹也有好处，何况人声鼎沸呢？看到这场面，顽童便更狂，直到雨点夹着少量雹点下地时才吓得抱头躲进屋檐下。有时乌云压树已到头顶的冰雹灾忽然间化为乌有，云开见日，彩虹高悬，暖风徐来，人们便对甊炉的威力更加深信不疑。人们敬畏甊炉，平日连白天都很少有人单独路过。

保护初春农作物，驱散黑霜

丽江豆麦返青早，四时温差大，初春早晨四五点钟，有时气温骤降，如果浇水不及时，会一片片地枯焦而死，这叫下黑霜。这时也要把炉火点燃，各家各户门口也要烧堆青刺枝，烟火腾空，也能提高气温，驱散黑霜。

纳西先民认为世间所有的生物都还有阴间的生活，多少可怕的传说都与它有关，或都展开在它周围的水沟坟坝古树枯井破庙中。这炉子投入焚烧的都是污秽之物，名声不是很雅。但人们毕竟细心地保留着它，频率很高地使用着它，灾祸来临时都会想起它。这个特殊而普通炉子，反映出纳西族先民对人类生存环境重要性的早期认识，他们在努力保持人与环境的融洽和谐，用一种带有原始信仰的行动去治理环境的脏乱差，又达到科学防疫减灾的目的。这是一个伟大创举，成为习俗融入人们的血液中，成为全族参与的自觉行动，世代传承，让环境保持着绿色和谐的本来。

礼门

与字纸炉、甋炉大约同时建造的，还有个村西头路上的礼门，它们构成了村外的三大标志性建筑。

说是牌坊，但它只是一栋普通的两间平房，而不是一都坊；像骑在路边上的桥亭，但它是两边被土墙密封了的，而不是四面透风四柱落地；说是房子，它又是骑跨在路上的，如涵洞，如桥梁，当然不是供人居住的。礼门就是礼门，是我们这里所独有的。

礼门虽是跨在路上的两间乡村极普通最常见的平房，但它的用处却多着哩！

首先是拦风脉。这是曾历经地震、饥荒、瘟疫和战乱灾祸的只有十几户人家的小村庄，村子虽小，但几乎每一辈人都要出几个能支撑门面的在乡间坝子七村八甲算是有头有脸的人物。如一手能舞百斤石锁，与土匪械斗中一人顶十的武圣公；还有家有一本历代法律书汇编，帮平民打官司写状纸，又往往得手的阿普。村东有潭长流水与六七十户的邻村争执，最后判的却是七成归我村，三成流入邻村的一场夺水分水岭官司震惊了四邻，阿普名声也大震，好评如潮。当然也有说是写罪孽状的。打官司，在和谐忍让为上的纳西村落里名声不好，写状纸的刀笔吏有用但更不雅观。也出过只念过村小二三年，就考上讲武堂，官至少校营长的和汝勤和中尉连长的和汝坊两兄弟，参加过蔡锷将军领导的护国运动，可惜英年早逝（兄35岁，弟27岁）。新中国成立后，一批批大学生，各行各界创业有成者，教师、医生、学者、专家、英雄模范人物从村子走出。虽然礼门今已不存，但村里的老人们仍念念不忘，认为人才辈出乃是礼门的"拦风脉"神效奇功。

其次是乡村行路人放靠背子、歇脚喝水、躲雨避风的绝佳之地。负重跋涉大汗淋漓的赶集妇女们，都会说，再坚持一会儿，到礼门就好了，可以休息了。茶马驿道上连识途的老马都知道前面就是礼门，可以在旁边下驮子打滚撒野，喝上一口清凉水。因为马锅头是要在这里起火做饭的。要是碰上收割季节就会在这里住上几天，任骡马在刚割去庄稼的谷田里吃肥嫩青草休息，几天就膘肥毛色亮。当然村民也看中了肥田的马粪。有时朝圣路过的信徒们，无家可归的乞讨者，也在这里倒野过夜，好心的村民会送过来热饭热水，说是"尽阴功"，而绝不许顽童们去招惹挑事。

最后，夜深人静之时不知疲倦的青年男女们，用竹片口弦、柳叶苇笛伴奏，压低嗓门如诉如泣地对歌谈情，这种独特的集体谈恋爱，只要避开长辈小孩，就可以彻夜不眠直到三星落公鸡叫。礼门是方圆五里八村男女青年们恋爱的天堂。纳西族传统是恋爱自由、婚姻包办。恋爱的结果不是结婚，结婚的前提也不是恋爱，是两个互不相干的阶段。所以男女交往必须在社会的监督下集体规范地进行，这里是斗智慧、练口才、培训应变能力的教练场，是展示古老纳西情歌记忆背诵功力和活学活用能力的彩排室。

村庙

丽江村村都有村庙，我们村虽小，却也同样有一座佛教寺庙，它与众不同是因为还兼做和氏祠堂。

村庙坐落在村子正中路南边，前边有一片宽阔地，实际也只比院子大一点，但对儿童而言，那就是心目中的广场，空阔无边。庙宇两边各有一棵老槐树，花开季节香飘四溢，鲜蜜欲滴，蜂蝶飞舞。未绽开的花蕾摘下后阴干焙黄便是槐米，清香解毒，只是有点伤胃，不可过量。花后结果，采集下来在盐臼里捣碎，软软的捏成球形，中间夹进一根麻线，用它敲打则硬如铁石，用手轻轻一捏仍可随意变形，取有一个怪名叫"打不死捏死"。装在衣袋里，抓住线头抽出来便是一流的杀手锏。枝叶间跳动鸣叫着一群小如核桃羽色黄中带绿的小鸟叫"即丽丽"的，最珍奇的是那用各种植物纤纹和精心捡偷来的头发，牲畜绒毛编织成的鸟窝。就如一个小巧精致的小灯笼，上有盖子，中有一小扇圆门洞，微风一吹轻轻晃动，如摇床。每次袋里下四个小如玻璃弹子那样的花绿蛋。院子里有一棵山胡椒树，是在东山教书的一个村民挖来种的，长得油亮葱茏，采籽可治胃病，揭皮做外感风寒药，满身伤痕仍争荣竞秀，缕缕清香，被列为丽江古树名木。

房子是四栋平房，北边中间是门道，两边是相互朝向的哼哈二将守护神。西房是厨房，庙祝起居室或集会时做饭烤火的，东边是议事厅，村内重大事件讨论决定都在里头举行。当时丽江气候寒冷，衣服单薄，在我记忆里议事的农民总是披着蓑衣，有时做客也不脱下来。议事议到上头摊派的差使应策谋略或与外村纷争问题时，绝对禁酒，与会者头脑冷静，思想集中，音调或抑或扬紧随内容而变动，一旦定下都会按时执行完成。南面房最宽最好，奉着三尊菩萨，中间的大，两边的稍小，说是佛祖佛爷什么的。节庆演戏关上门窗就在走廊上举行。虽然只有宽五尺、长一丈大，但已能满足村戏表演的要求。这里常常上演的是独角戏，多时从二三十人的观众席中跳上台来随意说上几句台词便又跳下落坐。有时因剧情需要观众几乎都上台来充当演员，有的呆若木鸡，"导演"教一句说一句，台下院坝里虽然除了几只老狗，便没有观众了——因为小狗都随小主人上了台。只有演员没有观众的戏还乐此不疲，多少年后人们说起来仍兴致勃勃还如数家珍。至于集体舞蹈是在门外广场中举行的，往往村民们都跳得很尽兴，直到太阳出来才四散离开。

因为是祠堂兼庙宇，平时也有村民进香、敲打木鱼的。初一、十五香火稍旺些，大年初一三更后看谁进香最早，黑黑的夜里悄悄地进庙都有几分恐惧，但为了一年的风调雨顺，人寿年丰畜旺禽多，虔诚的勇气战胜了无端的惧怕。偶有外村人路过也有进去磕头的，我们小孩惊喜地屏住声息观看，他们往往认真、按部就班、一丝不苟地完成仪程，念几段经文，也是常有的事。

几乎和所有的村庙一样，也兼做学堂，只是村子小，三五学子寄居邻村寺庙中去了，冬季农闲夜晚特别长，也有点着香油灯三五个青年男女学珠算三盘乘、小九九或蒙学课本的，他们有的心思不在学习，而在调侃戏闹。但也怪，有的人一学就会，还过目不忘。新中国成立前夕在这里举办民众教育班，有几个中学师生下乡宣传革命进步思想。后来才知道，赫赫有名的东白马地下党支部和团支部书记就是我们村人。

祭天坛

"纳西米崩的"，纳西族最重大的节日是祭天。"纳西米崩苴"，纳西是祭天之民族。以神圣、庄严的祭天把族群团结起来，去战胜各种灾害。在工具简陋、分散劳作、靠天吃饭、风雨飘摇的小农经济时代，人们向天乞求风调雨顺，以求温饱。纳西人认为，人和自然是一家人，靠血缘联结在一起，是难分难解的难兄难弟，一荣俱荣，一损俱损。特别告诫贪婪的人类，要约束自己的欲望，还自然的债。

我们村属于纳西人普笃一支，分有两个祭天坛。一个大的在村东头，一亩见方，四围有几棵枝叶茂盛的野柿子树，还有李树、梅树。祭坛用刺篱和小水沟围圈起来，与道路和田块分开，用石块垒成一米多高的围墙，除了没办法阻隔的野狗外，牛马牲口一般都不能进去，小孩子也很少到里边玩耍，早晚从旁经过，都感到有点害怕。没有分工专人管理，但每个村民都有责任保护好神圣的祭天坛。这是一种敬畏——从心灵发出的。

另一个较小的祭天坛在我家房子北边，旁有一棵松树、一棵柏树，有五丈多高，是坝子中标志性的古树，挺拔轩昂无言的古树，向世人宣示着祭坛的神圣与久远。用繁盛的野蔷薇和四季花围拢来，小小的场内有爬地草和麦冬铺成绿茵，幽美而精致。因为我爷爷的两个兄弟从军成家在昆明，祭天时只见父亲和叔叔在忙，但仍庄严肃穆，念念有词，有板有眼，一丝不苟。我和弟弟在一旁看着（女人小孩是不能插手的），想笑又不敢笑，常常是肚子早饿扁了，繁杂冗长的仪式程序还没结束。

按理祭天坛还应该有棵大杜鹃树，但它的生长环境要求在高山雪线之上，下坝移栽在田垄间少有成活的。还要有棵黄栗树，周边成活的不多，庆西村有一棵，已经成了他家族的标志树，人们常说"黄栗树下那家人"。所以祭天时只得从山上砍下二枝黄栗和一枝扁柏，插在祭坛前边，分别代表米（天）、达（地）、许（人）。

祭天分七月秋祭和正月春祭，我们这里一般是秋祭。"米崩孙"（主祭户）轮流担任，需养一口三年黑毛肥猪做牺牲祭品，还要献一只大红公鸡。祭天那天一大清早，所有男子都要来帮忙，妇女们到吃饭时才能参加。讲谱是祭天的第一件事，专门挑出村史、家史中值得荣耀的事宣讲，光辉业绩代代相传。说是大的不讲谱，小的不识谱，后生们就会做出不靠谱的事。我至今仍记得奋不顾身勇斗歹徒、万里赴戎、为国捐躯、膀圆背阔踏石留痕、侠胆义肝以身为村、心慈面善扶贫助困等题材故事，都是在听谱中获得的。第二件事是比武。酒足饭饱后男人们完全放松，除骑马、射箭、摔跤等主项目外，民间竞技体育应有尽有，如跨水沟、老水牛背上投首倒立、偷"老虎蛋"等。还有更奇特的，选手们先吃一把泡酸梅子，后比嗑红瓜子，看谁又快又好——空瓜壳都要一样完整的两瓣。相传，我曾祖父先吃酸梅"一印"（围着躺在地上小孩一周圈），然后再嗑泡在水中的一碗红瓜子，而名扬乡里，几代人到老都不缺一颗牙。在人祸天灾频发的年代里，村民自卫自救是唯一的选择，人人都得练就有一流的好身手，而且知道牙齿好身子才好的道理。第三件事是娱乐，唱歌跳舞通宵达旦，如泣如诉的"喂没达"是主调，讲述着祖辈们迁徙创业艰辛跋涉的历程，我佩服民间艺人们惊人的记忆力，虽然目不识丁，但《创世纪》的全部历程都烂熟于心，出口成章，据说曾出过连唱三天三夜点水不漏的高人，但高人都隐于边僻山谷，我们坝子里百年也难出一人。中间穿插着众多诙谐幽默的小品，大都是现炒现卖。

我佩服古人寓传统教育于节庆愉悦之中，在不知不觉间润物细无声地一代代接过优秀传统文化珠宝盒，就是累累遭到毁灭性的灾祸成了一片废墟之时，扒开灰烬仍可以找回这份宝藏。就是靠它——无处不在无时不在的民间文化传统，维系着乡间喧闹中的平静，混乱中的和谐，无序中的有序，断层里的延续。

距祭天坛不到50米的几棵遮天蔽日的大树合围中，隐藏有一口古水井，无论春夏秋冬、旱季雨季，清凉的小泉水不涸不漫，始终保持着它的充盈，足够村里人饮用，在田里劳作挥汗如雨的大人们，往往渴望着有孩子们打的一铜壶井水来解渴。老人离开人世前还要再饮瓢古井水才会满意地闭上双眼。如若图方便舀来门前溪水，他还能辨出这是赝品而拒绝饮用。当然大多数农户平日里饮用的是清清的门前溪流水，也照样清洁而且更方便。

据大人讲，这口井古名叫"术可单"，是每年二月择一龙、蛇日，村民祭自然生态术神的地方，而且还很神奇。但到我们这一代没机会看到。住在城郊离黑白龙潭也近，龙替代了术。崇拜物常常会随大流顺着走，最后在新潮流中迷失了自我，找不到回家的路。闻名世界的杰出文化，不可能靠嫁接批量产出，只能在传统文化基因库里萌发成长壮大。传统优秀文化是我们的根家力福。

火化场

离村子南边最远的田块里,有一片两亩地的被叫作"米足苦"的荒冢,一般叫"火坟"。"米足"意为舂米用的碓,"苦"意为地方。四周的村庄也常有叫"米足苦"的地块,都是一样的荒冢。那是各个村落的火化火葬场。几年前,胆大一点的村民在那里挖出陶罐种花,陶罐都很简陋没有纹饰,里边最奢华的有个小煨茶罐,其他只有黏糊糊的骨灰泥,这些骨灰罐一层摞一层,又密又挤而有序,称之为"滥葬古"(地)。

"火焚不捡尸骨"是纳西人世代相随的习俗,节俭省地的好传统,在这里得到了最好的佐证。只是雍正元年(1723)改土归流后,提倡土葬,说火化不卫生不道德,"火土"之争持续了几十年,最后流官还在束河和宗顺家开母亲出殡土葬现场会后,强制执行。结果是坝子里改了,城附近的更早些,而边远山区(如南溪)一直坚持火化。到我懂事时几乎所有的土葬坟只有八代,25年算一代,归土改流后大约有200年,八代也符合史实。土葬建坟以后,这里就逐渐荒弃,成了夭折儿童的火葬地,这算是对当年火葬习俗的追随。这块小小的已成荒冢的"米足苦"火葬场,留给我们无尽的思索。

首先,纳西先民告别了青藏高原黄河岸边,赶着牦牛逐步迁徙到云贵高原金沙江畔来,千辛万苦,走走停停,被称为逐水草而居走在路上的牦牛羌。他们在草原上曾选择了水葬、天葬,在那里唯一的柴火是干牛屎马粪,烧水做饭,漫长的冬天取暖还要靠它。焚尸是做不到的。到了山林地带最终选择了"焚其尸不收骨灰"的火葬方式,成为稳定的习俗逾千年不变。是生活方式和生活条件孕育了习俗，使之相生相融。

其次，纳西先民推崇厚养薄葬，老人活着的时候备受村人尊敬，子女孝顺。嫌弃、虐待年迈父母是最大的罪过。虽然生活艰辛也应该把最好的让老人吃喝穿用，满意而去。死后一切从俭，化作烟灰，沿着迁徙的来路魂归祖居地。树高千丈，叶落归根。犹如一片树叶，生不带来，死不带去，与世无争，干净利索，留在树下化作泥土成肥料。

现云村先民十多户人却守着五百亩肥沃的土地，历经千年严守厚养薄葬的古训，几十代先民上千魂灵，只给安排两亩火坟，500∶2！留下给生者的是何等奢华、丰裕；而对死去的如此悭吝、拥挤。先民为后人、死者为生者腾留出地盘。这样具有远见卓识、思前顾后的民俗精粹值得传承和发扬。

乡愁（三）：古城记忆

和 湛

纳西族之爱

民族之花：虎

古城四周，遍布着关于虎的美丽传说，有关虎的地名，甚至可以从拉市吉余到大研五台20公里的地段连接在一起，就是捉虎、驯虎、到失虎、赔虎的完整过程。著名的长江第一湾叫（拉巴）"虎族之花"，保山石头城叫（拉不）"虎之窝"，远古丽江三个集市之一的叫（拉撒支）"散虎街"，县境内的第二大坝子叫（拉市）"新虎"，玉龙雪山和哈巴雪山之间高差4000米的世界大峡谷叫（拉罗开）"虎跳峡"。取虎的人名如盖虎、世虎、成虎、如虎、小虎比比皆是。延续470年的木氏土司开山鼻祖称"叶本叶老"，也出自虎之义。东巴经典中有一卷叫《虎的来历》，说虎为古贤的象征，虎和人还可以相互转化，千多卷经书卷首都画有一个虎头，意为很古很古的时候。《创世纪》称开天辟地的英雄是：天神九兄弟，虎女七姐妹，是用虎来形容美女的开山鼻祖。很多熟语都与虎有关，形容威武称"拉干"，形容很美借用虎皮（拉很），形容快捷用虎甩尾巴来比喻，小孩生得健壮比之以虎子，特别灵的民间验方，只因为有一味虎的某一器官。为什么如此推崇虎作为民族之花呢？

寻祖性　纳西先民居住在高山密林河流湖泊之间，动物众多，当然就有众兽之王，后来气候变迁，森林骤减，虎也逐渐减少，最终消失。人类特有的寻祖性，更加崇拜与远古祖先同地生活过的虎，正所谓"敬祖及虎"。由于稀少，虎的传闻便更多；由于绝迹，也更生动，更加缅怀而不能忘怀。

美感　虎不论神态吼声色斑都显示出一股虎踞龙盘不可一世不许触犯的威严——力的雄健神秘美，这种美与其说得之于视觉、嗅觉和触觉，不如说是一种综合的精神感受。纳西族在几个大地方民族王朝的夹缝中生存，加上自然环境险恶，强烈希望并乞求自身强大战胜天灾人祸得以生存发展，便推崇虎威。它是纳西族凝聚力的基点，表现出历史的进步性。

实用　当人们被温饱生存发展所累、折磨逼迫之时，凡能缓解它的，便是有价值的。虎全身是宝，驰名海外的丽江"虎潜丸"是治风湿的良药。这种实用价值随着人口的增多、虎群的减少而更加金贵，乃至达到价格和价值背离的程度。今天，虎被列为珍稀保护动物，作为文化符号，特别受到青少年的钟爱。

民族之魂：栗树

古城北边象山脚下有一片苍劲葱茏的千年栗树。古城生命之水——玉泉就从这里涌出。人们爱水，兼爱源头之林，林茂方能水丰。香火不断，敬若神灵。纳西族最神圣的祭天活动中，要立两枝黄栗代表天神和地神，山区祭天场要选在栗树丛中，直至今天，人们还让栗树见证"纳西米布若"。这是因为栗树具有实虚兼备之美。

从"实"来看，栗树种族繁多，数不胜数，就是打柴人也很难数得清它的种属。木质坚硬如铁的青钢栗，是农家做锄把犁把的绝好材料，越用越陈，色如古铜，光泽如玻璃。盛况空前延续几百年，至今仍保持着热度的正月十五棒棒会，人们扛在肩上的就是它，榛子栗搭的木桥，耐得住日晒雨淋，肌骨裸露而百年不朽。黄栗是高原人离不开的薪炭林，火烈而无烟无灰——可燃到尽头。栗子可生吃、煮吃，磨成粉和在麦面中做粑粑，还可酿酒做醋、腌蜜酱，饥荒年间，哪怕是奄奄一息的人只要背放到栗树林中就可得以生还。东巴经中就有记载：栗树的果子黑猪捡食，猪儿变得体肥膘厚，它的叶子山羊嚼在嘴头，羊儿的肩胛骨上显出吉祥的兆头。古代人们逐水草而居，大凡栗树（特别是水冬瓜栗）茂密的地方必有水源，是水源的植物林标志。所以，纳西先民的遗训是：哪儿有栗树就可在哪里居住下来。

从"虚"来看，栗树有矮的密密麻麻，枝干交织，铺青叠翠，如团如盖，如墙如栅；有高的挺拔参天，老树新枝仍争荣竞秀。它总是选择在其他植物不敢落脚的岩头陡坡。哪里有栗树的家族，哪里就荒山披绿，风停霜驻，万物峥嵘。它总是给人以团结协力、不畏艰辛，挺拔轩昂、雄辉豪放、泰然自若的美感，寄寓着一个不断进取的民族的希望。

"实"是基础、前提。它能满足人们生存的需要，在灾害频繁起步艰辛的人类早期，大自然慷慨给予的恩赐是难能可贵的。由"实"引发出"虚"的愉悦精神、产生力的美，使"实"感更丰满、高大、立体，从而升华到一个形神兼备的新境界。随着人类社会生活水平的提高，栗树这种虚实合成的境界便愈成为人们苦苦追求的目标。

凝固的历史：笮

笮（zuó）这个字，在汉族口头语言中早已消失了，代之而用的是"桥"。可是地处滇西坝子的纳西族口语中仍准确频繁地使用着它，在古老的东巴文字中也十分形象地写成，中间画一水，两边有板可通行。《元和郡县图志》称：凡言笮者，夷人于大江水之上置藤桥谓之笮。有学者考证史书上经常出现的"笮都夷"就是纳西先民，说的是"住在桥头的人"。这是一个发明了"笮"并把它一直保存下来的民族。

纳西人为何对笮情有独钟，如藏家珍呢？纳西先民原来居住在四川的大渡河，雅砻江流域，后来迁到金沙江上游。金沙江环绕丽江县达447公里，境内更有21条激流汇入江中，是一个高山深谷激流重重切割的特殊地域，纳西先民为了克服山阻水隔，便逢山开路，遇水搭桥，仅不足四平方公里的丽江古城内就有三百多座桥，呈现出"古巷小桥多，人家尽枕河"的景象。

早在隋朝时，纳西先民就在金沙江上游的塔城地界，建了一座横跨江面被史家称为"万里长江第一铁"的铁索桥，它是连接南诏和吐蕃之间的交通要道。从藏区赶来牦牛、羊等牲畜，从南诏驮来盐巴、布匹、茶叶等均要经过此桥，后来毁于战乱，至今仍留有"穴石锢铁"的遗址。每当人们走到这里，思及当年情景，仿佛耳边又响起茶马古道上壮观清脆的铜铃声。光绪五年（1879），在丽江与永胜交界的金沙江上建起了一座铁索桥，名金龙桥，长26丈，宽8尺5寸，上铺木板，旁护长栏，两头覆以瓦屋。百多年来它承担着维系滇蜀交通的重任。石鼓镇北有一座纤细别致的铁索桥如彩虹飞跨在冲江河之上，名铁虹桥。在丽江境内的各溪流上，还分布着桥屋皆备的廊式桥梁，俗称风雨桥，其中格子的风雨桥和玉河上的锁翠桥皆造于清中叶，供远行者在此歇脚避雨。还有遍及古城的明清石拱桥群，其中有能看到玉龙雪山倒影的映雪桥，俗称大石桥。有久不得子的一富户捐资修造的万子桥，工匠们匠心独运地选沙粒石作为建材，表达了对捐资修桥人子孙昌盛和睦和谐的美好祝愿。比例匀称、砌筑精细的南门桥，与木府衙门忠义坊相互照映。此外还有众多简易的青石板桥和橡木板桥平铺在各家各户门前的小溪之上。江南的桥大多是高跨度如彩虹般的石拱桥，因为桥下要行船。而古城水里无船，桥上还要过负重马帮，所以桥多平缓甚至平直。

纳西族人修桥、护桥、爱桥，把修桥铺路供他人过往当作积德荫功的善举，把能为建筑桥梁浇一铲泥，添一块石，献一根梁，出一天工当作人生幸事。虽然很多桥边功德碑上的字迹已因沧桑岁月而模糊，甚至有的无法辨认了，但无形的积德造桥之碑已融化在民俗民风之中。今天我们常常会看到白发苍苍的老人拔除桥头青石上的杂草，红领巾们用小手绢揩抹桥栏上的灰迹。桥边柳树下还会听到早年倾家修桥的义举故事：纳西族商人赖耀彩，慷慨解囊，好行善事，历时一年半，重修梓里桥，改彩虹桥木架为铁索；从香港购铁缆数捆修建德钦溜筒江桥，被藏民视为功德神，顶礼膜拜，家中悬有"交通是赖"的匾额。女作家赵银棠还为他写过《修桥补路益乡里》的美文。今天先富起来的人修桥捐资的事更多。

桥头常常是民族商贸文化的集聚场所。逢重大节庆，人们用松枝和彩带在桥边搭上彩棚，把家中最好的盆花端出来摆放，几天几夜不散地唱戏，演奏古乐。送亲出门远行和迎接远方来客也都选在桥头，第一站为东门桥，第二站为东元桥（三改筰），第三站为漾弓江上的木家桥，由此代表远近亲疏不同级别的礼仪规格。明崇祯十一年（1638），徐霞客来丽江，木增派大巴事到木家桥迎送。1936年，丽江人民迎接红军和1950年迎接解放大军也都到木家桥设香案、置迎宾酒坛，表示人民对义军的厚爱期盼。送葬出殡每到桥头孝男孝女就要倒伏于地，让灵柩从身上抬过去，称为"过桥"，表示生者甘为桥石让死者踏过去早日赶回到祖居地。审慎纯真的青年男女约会的地点也常选在桥边，但见有长辈过来一定要回避，所以像青龙桥那样林茂僻静的乡村桥头的四周，常常成了青年们的首选。古城的每座桥头都有一个集市，民间往往直呼其市名，如卖鸡豆桥、卖鸡蛋桥、卖鸭蛋桥等（而它的原名常被忽略淡忘）。因售其货而得其名，因有其名而售其货。

如果说，穿流于大街小巷的水是古城的生命，那么横跨在它上边的三百多座桥便是生命的逗号、顿号、句号以至感叹号。与千年古城同时建成的满身斑斑眼眼却顽强地拱背支撑着的古桥啊，你忍辱负重、不改初衷、矢志不移，真实地记录着一个古老民族的血泪和欢歌，曲折和前进，退缩和拓展，背负着多灾多磨的过去和充满希望的未来，今天与古城一道获得了新生。

青蓝的服饰

民族服饰是民族文化的综合外在表现，是民族的重要外部特征。

纳西服装的主色是蓝（纳西彪木妥）、红（深红）、白三原色，加以黑、绿、青三间色，反映了红土高原人所特有的深沉、热情、朴实的气质。

有特色的纳西族妇女的服装，突出体现了两点：一是便于生产生活的劳作美，宽松的短短的袖子，长长的半边围裙，便于劳务劳作，无须更衣换装。厚实的坎肩和便装的羊皮（有的是用白布千针万线纳出的）披肩，特别便于背背子。洛克在80年前拍下的四方街照片，每个妇女都背着个篮子，看不到一个空身。纳西族妇女里里外外一把手，民间有种说法：男人是篮顶（浮在皮头露馅的花架子），女人是篮底（看不到但是实实在在沉甸甸的）。二是生育美。衣服都较宽松厚实，加上围腰系的也较松，显得胸部丰满、腰部粗壮、腹部充实，还随手把很多小东西往怀里塞，像个随身口袋，表现出大肚能容五男七女的雌性美。特别是身上披的七星羊皮，外形像只蜷伏着的蛙，还把蛙的肛门——生殖孔特别放大昭示"亮相"。蛙的生殖力很强，一只雌蛙一次能产上千个卵。有人考证纳西族崇拜的蛙，是图腾，我认为还应该是生殖神。羊皮（丽江坝子选尽黑的，中甸三坝和江边一带选尽白的）表征易养易育，生育过程的顺畅。在所有的哺乳动物中，羊生育时将羊羔连胎胞裹着排出来，非常迅速，啪的一声就脱胎落地，随后在地上滚三滚，然后自己冲破衣胞颤巍巍地站立起来，见风就长，一个星期后便能跑动吃草。羊尝百草，无病无痛，有病也能很快自愈。七星羊皮亦有"披星戴月、勤劳勇敢"之说，这是外来民族的理解和评价。纳西族地处南诏和吐蕃南北两大王朝中间地带，人口增长十分缓慢，直到今天仍然是负增长。在自然经济条件下，只要有了人手就能养活人口；也只有众多的壮丁，方能保住自己的家园。人类生殖崇拜阶段是大多数民族都曾经历过的，但把它作为图饰精心制作后披在身上的大概只有纳西人了。

近年来，有识之士竭力提倡推广服装改革，但收效甚微，而且古城人穿民族服饰的越来越少。其根本原因在于时代变迁，人们对服装的要求从耐寒实用转变为摩登靓丽,从宽松粗大方便劳作到紧致体现苗条体态,从牢固耐磨到新潮流行眼花缭乱。如果不能反映这个变化,改革就断无出路。改革应从童装开始,一代代往上改。一旦改良定型,便可用教育宣传的、行政经济的手段加以推行。但在一个每年有几千万人进出的旅游城市里,要二十几万原住民守住传统,保持本色是很困难的。

"三"字情结

数在中外哲学史上占有特殊的地位,有的甚至把它当成万物之母。每个民族都有自己特别钟爱的数字,在众多的数字中,纳西族特别崇敬"三"。纳西族的保护神叫"三多",相传他排行第三,英勇无畏。传说中有能呼风唤雨,却又被恶风吹贴在金沙江对岸红岩上的女神叫三仙姑,是木土司的三公主。几乎所有的民间故事都是这样开头的,有三兄弟,老大老实,老二刁奸,老三聪明能干,都是清一色的"逢三必怪"。

传说玉龙山分三国,第一国有蚊子苍蝇,第二国有毒蛇猛兽,唯有第三国是"老虎当坐骑,白鹿来耕田,雉鸡当晨鸡,树上结满了透亮的酥油果,河里流淌着洁白的牛奶"的理想国。纳西族著名的情歌称"相会三相会":蜂与花,鱼与水,松与柏;如果姑娘还不会熟唱"三相会调",就不能出阁,只得"学歌待嫁"。每年的三月三,举办三月物资交流会,四方来客云集一起,当然也有青年男女三天三夜不散地对歌抒情的良辰美景。

人死后穿戴整齐入棺,打楔前有个连胡子里都藏着经验的老者对他"指路":有三条路,左边的有毒蛇猛兽,右边的有妖魔鬼怪,都不要走。中间才是正道,你上三辈祖先都等在那里,可以大胆地往前走。

在古老的纳西象形文字中，大凡物名有多数含义的都用"三"来表示，如星星🝁，雪🝂，草🝃，雨🝄。"三"给人以方方正正、平平当当、稳稳妥妥、简洁明快的构图美。

丽江古城入口的分水处叫三叉河，水均匀地从三条河里流走，古城的民居一般都是"三方加一照壁"，它反映了纳西族背风而居，面对朝阳，不受约束的开放意识。而且每一方都是三间，如果一定要起四间房，那第四间必须矮三尺，表示仍然是一方三间，不可触动。丽江到处有叫三家村的地名，但名副其实的却少见，据说过去都曾是真的，现在谁也说不清哪里才是真"三家村"，反正叫着好听，可见"三"的魅力。就像刀剪之帝"北京王麻子""杭州张小泉"一样，在众多同名名家中难辨真伪。现在大商潮中"三家村"命名的酒家、饭店、发廊、照相馆更是蜂拥而起，就像有的民族取"八"寓意发财一般只是图个吉利。

纳西族对三的倍数也有依依情结，真是爱屋及乌。民间传说中，形容多数就说"翻过九十九座山，跨过九十九条河"。万朵山茶称九蕊十八瓣，老君山上有九十九龙潭，丽江永胜交界的石级称十二栏杆。

可以说纳西族与"三"有不解之缘。

三眼井与水文化

丽江因金沙江环绕呈口袋状而得其名，古城又有得天独厚的水，玉泉水呈扇形穿过它的大街小巷，在3.8平方公里的城区就有300多座桥横跨其间。有句养马农谚说：草饱料力水精神。水是古城的灵魂，是生命，黑龙潭是古城的生命之泉。每到干旱年间，玉泉断流，就是引来三司河水、拉市海水，整个古城仍显得没精打采、六神无主，丧魂失魄似的，连人也感到十分烦躁。

古城人用水，爱水。水养人，人养水，形成了一个独特的水文化，而唯我独有的"三眼井"是这种水文化的集中代表。

说井，其实是小水池，第一眼是饮用水，上面搭盖着五花石板，清澈见底，鱼游其间，翠绿水草如丝微微浮动，夏不浑，冬不冻。水满则从一个小石槽引入第二眼——洗菜，丽江四时如春，水菜丰富，居民爱吃净菜，如不慎有菜渣沉入井底里总要把它捞出来。水最后流入第三眼——洗衣物。在这里，人们严格按程序有条不紊地完成了饮用、洗菜、洗物的生活全过程，生动地反映出充满哲理的水文化。

实与虚

三潭水各司其职，依井而变，利用水源，充分合理，这是看得见摸得着的实在。同时它所包含的生态意识、环境意识等是看不到摸不着的，却又无处不在，时时规范着人们的行为举止，涵养着判断善与恶、美与丑、正与邪的审美观和衡量益与损、得与失、予与取的价值观，调整着社会与个人、整体与部分、村落与家族之间的关系。"一方水养一方人"，在这里得到充分的体现。

人与天（自然）

最大可能地发挥出了人的主动性、创造性，从而满足了人不同层次的需要，纳西族被世人称为最会享受的民族之一。同时，人置于自然界的主体地位，但又不把自己看成是征服者，去无度残忍贪婪地索取自然财富，而是把自己当成自然的一员，尽可能地保留自然以延续和后续。把"天人合一"看成是人与自然的理想境界。

动与静

繁忙的城市，奔波的人流，游的云、流的水是城市的动态；静静的水井，默默的井边榆树，安详的老人和有序的房舍是城市的静态。

永远舀不完的水，蕴含着丽江发掘不尽的哲理。

五彩路

这是一个怕困在围墙之内（木氏土司解字说木加上口就会被困）的民族。虽有东门南门之说，但没有留下任何门的残垣断壁，而留下世代遵循的祖先遗训，不可稍许移易改动的箴言：真正能御敌保国的是四通八达的路，而不是密不透风的墙。只有走出去，阅尽人间沧桑，吸取各民族之长来补己之短；请进来，让海内外各种人才在丽江扎根、安家，尽其所长，共同开发。自强不息才是真正的铜墙铁壁。在边陲山野丽江，纳西族是把砌城墙的石头（城西北两边的狮子山象山就是石山）用来铺路，铺出四通八达的五彩路的民族。早在千年前就凿石穿穴修出了著名的茶马古道，丽江古城成了联结中原熟地与南亚出海口，滇中茶叶产地和西域藏区的重要中转站，近代它又自己修建了一条近百里的公路，虽然没能打通出去，但毕竟是丽江人渴求开放进步的里程碑。抗战时期，在方圆百里的高原坝子，纳西人竟用锄头铲子平出了两个飞机场，直插云天的银白色的金字塔——玉龙雪山，成了中华民族浴血奋战通向胜利的航标，每天有上百架次飞机在这里起落。1996年，一场毁灭性的七级地震后不到一年，一条完全现代化的滇西第一条40米道展现在世人面前，我站在这条道的十字路口（那以前丽江城区只有"歧路亡羊"的岔道和丁字路），看着川流不息的车辆，千百年来一直求索探路的民族真正复兴了，起点就在脚下的五彩路上。

古城的一道景观——五彩路，是由红黄蓝白黑五色小石子拼成的五彩石板，色彩斑斓，可以拼配出大自然的任何景致来，如色泽分明的彩虹，冰莹玉丽的绿雪，变幻莫测的海市蜃楼，日出东方和日落黄昏扯出的炫烨光辉的彩霞。世间能工巧匠们在大自然的杰作面前只得心悦诚服，自叹弗如。有个哲人说过，世上没有两粒相同的沙子，也没有两片相同的叶子。我可以说，古城没有两块重复的五彩石，这不正是匆匆行走在这里的古城人和他们的文化的写照吗？当代社会科学家、教育家方国瑜从这条路上走出去，"诗书画三绝"的周霖从这里走向世界，云南地下党的创始人之一李群杰从这里走出去找到了可以毕生为之奋斗的光辉事业，来自田野的白庚胜、杨福泉从这里出发成为当代京昆青年学者。被鬼才宣科轻轻拨指便点石成金的纳西古乐，以"活化石"之美名闯进威严的欧洲音乐圣殿。这条五彩绘制出的石板路啊，将会让更多的人大步走向世界。

四方街

丽江古城是滇西商业文化的重镇，通过古城的四方街便可看得出来。论形样，有人说它像一只草鞋，行走千里；有人说是一方官印，权镇八方；也有人考证是木氏土司的莲花池，花开花谢。有一位长期搞建筑的老同志说是仿照西方古歌剧院设计的，20世纪50年代建造的地区大礼堂也与它十分接近。舞台在东面，台后有两条通道，剧场东低西高，高差约一米（新中国成立后几次建设时又填平了一些）。站在西边能清楚地看到场内三四千人的背影。东边与西边之宽约为3∶1，呈矩形，正座中直，边座不偏。若搭个四尺高的戏台，无论什么位置大人小孩站着蹲着都可清楚地看到剧中人的脸谱，无论在哪个角落都可以清晰地享受到真唱。更为奇特的是，广场北、西、南三面都是两层楼房。由于舞台坐东朝西，一到后午柔和的阳光便斜射在台上，这是地球上最好最廉价的自然光源。剧落人散后，西边水口用罩板一栏整个广场便被冲洗得干干净净。过去每到节日，四方街头搭台唱戏，深藏在民间的艺人们粉墨登场频频亮相，追星族们——纳西族老年妇女，也是丽江的一景——如醉如痴地喝彩叫喊，"再来一调"。台上的表演者们有求必应，没有加场费和出场费甚至连戏装都是自带的。广场前边有两条通道，后边三条，两侧各有三条（其中有两条后来建房时堵死），共十一条通道让人进出，而且每条通道都引向一个小广场或菜地、山坡。无论有什么紧急情况，可以从四面八方集中过来，也可分散出去，时间就在五六分钟内。先民设计者的安全观念何等的周详、独到。

　　四方街同时又是商场。整个大研古城的每条街巷都严格划分出售什么商品，而四方街是古城商贸的浓缩点，有摆地摊的、打棚伞桌位的、有巡回叫卖的（限在一早一晚的某个时间段），各种货物应有尽有，每个摊位就是一道古城风景线。还有专供郊区农民出售土特产品的临时摊点，这些地方每天都是人山货海，热闹非凡。

　　这种藏文脉财脉于一池，融文化商贸于一个场，该合则合，水乳交融；该离则离，各表一枝。是剧场，设计得如此精妙，条条在行；是商场，每一块石板都能创造出一定的商品价值。这是世界经济文化史的奇迹，人们对它合二而一的价值惊叹不已。其实是古城人融商贸文化精神于一体的真实写照,这里的居民十有八九从事商贸,可是就在他们中累累出现留芳史册的文人雅士。富甲一方的商贾又是学贯古今的文化世家,被史家称为边地儒商,可算是这里的一绝。最具代表性的是,传世四个多世纪的木氏土司们,既是茶马古道上精于经营产业的"南蛮之首富",又是能舞文弄墨青史留名的"土司学者"。

四方街分明是一块近似于长方形的广场,是丽江先民叫错了吗?不是,它有着特殊的含义。

首先,指中心部位。从狮子山往下看古城,像一幅阴阳八卦图,四方街便是它的中心部位。先民认为宇宙是天圆地方的,祭天场一般呈圆形,特别是祭坛,是圆形或是半圆形的。而居民活动的院坝(今刚四方红)、会客议事的堂屋(方方一丈)、神圣的火塘(分东西南北四方)、神坛放置祭品的桌子(四方桌,实际是长方形的)等重要的都是四方。四方街又叫街中心(支律古),从来是丽江政治、文化、商业活动的中心。串街的不到四方街就不过瘾,卖东西的以能在这里设个摊点为荣,平时分地段摆摊,不能越位,但到了下午收街前,都可以集中到这里大甩卖,有些市民就等着这"开心一刻"。虽然短促,但成交率很高。春节搭棚唱戏,以这里的为上品,耍狮子闹麒麟到这里推向高潮,形形色色的告示要在这里张贴,重要的活动先从这里发起。它是古城的中心、心脏和骄傲。

其次,指走向四方。四方街原来有七条路向四方八面辐射出去,有人说它像商业城市古罗马的鲜花广场。纳西先民凭一双巧手,带一把锥子、一把刮刀从这里走出家门到西昌、西藏甚至远到尼泊尔、印度。现在这条南方丝绸之路上随处可见到丽江籍的皮匠街、篾匠街、铜匠街、银器街。他们乡音已改，服饰随俗，但仍保留着不因循守旧，不断向外拓展的可贵精神。婚姻是一个民族文化心态的缩影，东巴经典载文：愿一母生九男七女，九男要开辟九个新天地，七女要建造七个新寨子。传袭22代的木氏土司，其中有40个女儿远嫁到外族外地，有16个土司又娶外族之女为妻。

最后，接纳四方来客。从北方迁徙南下的羌族后裔和土著居民是纳西族的主体，同时它又以博大的胸怀接纳了来自八方的闯荡江湖的商人、工匠、落魄的艺人，流放的囚徒，漂泊的官仕，八方游僧，失宠宫女，身怀绝技的武士。一到这里便融为一体，这里的土著居民是和、木二姓，明崇祯年间，徐霞客见到的是"官姓木，民姓和，更无他姓者"。可是到今天30万纳西族中几乎囊括了百家姓。纳西族有自己的东巴教，同时遍及丽江的还有佛教、道教、伊斯兰教、基督教等。3.8平方公里的古城，竟有着30多座寺、庙、堂、观。不笃信一教，兼容各方。这在民族宗教史上也是罕见的。

城镇与乡村

自从人类有了社会分工，特别是手工业从农业中分离出去后，产生了简单的、偶然的商品交换，城市的雏形就出现了。城市的发展史就是不断地城乡分离，又城乡合璧，对立统一的历史。到了中世纪，城墙越建越高，城堡越修越固，城门越建越威严，护城河越挖越宽深。把它的雏形连着摇篮完全丢弃到荒郊野地，造成城与乡的隔阂对立。

可是丽江古城却是个例外，它完全是田园乡村式的城市，是城市化了的乡村。

从外形来看，这是座没有围墙的古城，虽然还有东门南门的地名，但在浩瀚的古籍中没有留下关于城墙的完整记载。从布局来看，城市乡村相互渗透，犬牙交错，有些种菜的村寨直插进入市区，在寸金之地，仍留下一片片菜畦、林地、水渠、岸柳、草坪，街道上也常常见到赶牛扛犁荷锄的农民。在城郊的村寨里，又往往辟出一条店铺整齐、街面宽大的集镇，如白马街、宏文街、士满街、束河街、白沙街，从四面烘托着居中的古城。市商也常来这里摆摊，有的是朝出晚归的草皮街。城里闹市区有专卖农村手工产品的，如支市罗（白沙铜器街）、少五起除（束河皮业巷），农村与城市的商品交换是在完全依赖（既是心理依赖，又是生活依赖）的状态下进行。市民保留着乡村风俗，如九月新米节、正月棒棒会、二月见丹（牧童）节、腊月杀年猪等。近郊农村也学城里卫生习惯，用上牙粉和洋胰子，生活开支细水长流，甚至连城里流行的新词也拿来就用。农村孩子以进城读书为荣，还常常是班里的尖子生，城里孩子也远到农村投靠名师学习，如三仙寒谷小学、白马乐群补习学校。城乡通婚也非常普遍，一般市民之家希望找个能吃苦耐劳的农村女理家常，农村殷实之家也愿找个心灵手巧的城市姑娘搞点家庭副业。还形成了一种独有的"扣巴"关系，它有朋友般的亲密，有亲戚般的连带，但是以互通有无的物资纽带为前提，收获季节，农村人带着大包的土特产到城里扣巴家小住几天，城里人在春暖花开之时扯上几尺布料带点副食到山野扣巴家休闲度假。这种扣巴关系有的延续了几代人，双方都十分珍惜。它实际也是一种商品交换，但中介物不是货币，而是纯朴的友谊和道德。货币是用来买卖算计的，而友谊是用来交流赠予的。

这些来自山野的土专家们在设计规划城市蓝图时，总是把他们看惯并烂熟于胸的宁静宽松、曲径通幽的田园风物不由自主地挥洒出来，越想超凡脱俗便越受习惯思维的羁绊而越陷于芳香的泥淖之中。古代边陲的农业社会，不但创造了村社文明，而且还创造出了城乡丝丝入扣、环环相连的边地民族城市文明。从这文明之光中，我们听到了青铜钟鼎的深沉典雅回音，又看到了七彩霓虹通明瑰丽的霞光。

庭院

有句纳西谚语说："怒每色吕也，今干色配居。"说的是庭院像人。三坊一照壁内的纳西庭院，是家庭活动的中心，关上大门就是家庭隐私的保护区，不经主人同意，外人是不可随便闯入的。古城人十分重视自己庭院的建设，往往按自己的文化心理去安排装点自己的庭院，古城两千多个庭院，找不出两个完全相同的。

有政治地位的大户人家，庭院宽敞明亮，红柱粉墙，高檐石、低院坝，处处显示的主人身份，花坛里盛开着配以芍药的富贵朱牡丹，关在铁笼中的恶狗叫声令人胆战，粉墙上"紫气东来"四个字大而出格，抱柱上留有祖宗家训的长联每年描一次金粉，但儿孙们对其具体内容并不太关注，倒是外人常常把这些内容准确地挂在嘴边。纨绔子弟常常以三代为大限。商贸实业家庭院常被堆放物资的临时棚子占据，赚钱滚利的中心突出，无心顾及其余，青花大瓷盆内的名花日渐枯黄，唯有院心的五花石被川流如梭的鞋钉和马掌磨得光彩照人，宽厚的橡木大门总是敞开着，它殷勤地欢迎每个来访者的光顾。手工业者之家逼仄的庭院堆满了急用而又实用的物件，但繁而不乱，井井有条，主人随时都可以从材料堆中抽出需用而适用的东西。几盆常见花草悬吊到高高的阳台上，用艳丽的色彩不甘示弱地与四时争春。书馨之家的庭院朴实深沉，青草漫阶却无心拔除，青苔绕柱都不屑抹去，无论春夏秋冬白天黑夜门总是虚掩着，粉墙和黑柱上不着一字，瘦竹病梅素兰各占着永远不变的位置。工匠艺人的庭院被石狮、石龙装点着，但它们随时准备跟着买主远走。他们曾为多少庭院雕梁画栋而称匠，而自家梁柱上却不留一抹丹青、一刀雕痕，但只有到这里，才会发现每件不着装饰的物品都是美的天然化身，匠心独运，别具慧眼。新近发迹的家庭，房子比四邻高三尺，大门比常规放一尺，门前有宽阔的空地，里头有空旷的院坝，但一切都只是在打基础，水从石龙嘴中滴出但未能喷，紫藤从门外跨入但未能成荫，汉白玉石砌的花坛如菜畦——培育名花可不是朝夕之功，笼中的名鸟只能叫唤而未学会婉鸣。一切都会好起来的，关键在于时间和耐心。

三百六十行，每一行的人们总是按照自己的想法去改变世界，装点世界。万里征程的起点就在庭院。

前边谈的是纳西庭院的个性，让我们随着人的认识规律从个别到一般，来谈谈纳西庭院的共性——和谐美满。

庭院讲究"四方红"——正方形，宁可影响了房子也不能损占了院子的方方正正。如果照壁在东面，题写"紫气东来"四字；如果在南面就题"彩云南现"，旁边再画上麒麟，表示吉祥美好。墙下有个长方形的花坛，两头种着牡丹：一窝铅粉，一窝赤朱。中间是芍药、玫瑰、菊花、卉草等。院子四角有银桂、紫薇、翠柏、苍松各一棵。有的果树如梅（寓意"倒霉"）、桃（寓意"逃跑"）、无花果（寓意"未婚先孕"）等忌下地，但盆栽就可，只要不扎根在家，留下美色余香也行。四时花卉和盆景要置在花墩上，院坝心用鹅卵石和瓦片、方砖镶嵌成各种图案。看形样，菱形的两角相交，圆形的连环相扣，方形的自成一体，取名曰"望不断"。看色彩，黑白相间，青绿相映，朱黄相依。有些庭院称作"四合五天井"，中间一个是大的，四边漏角还有四个小的。靠北的是厨房或杂货间，靠南的向阳，是小花园。整个庭院都可感受到绿树、金果、红花、芳草、鱼跃、禽鸣、虫叫。把高原坝子的那种村落被绿树掩映，田野被禾苗铺撒，路径被野花点缀的美景收拢浓缩到围墙之内来，不甘于一般城市的单调、枯燥、嘈杂。

庭院反映出了纳西族十分注重的和谐美好。

家庭之中老有所养，少有所怀，男女有别，长幼有序，有的家庭多达五六十人，同锅吃饭，仍轻声细语，和睦和气。邻里之间，虽然用围墙隔开了，但"推院及邻"甚至可看到邻居家中间隔墙上留有一扇门，两面都有门扣，有事就打开，两院变一大院，待客会客绰绰有余。家庭与家庭之间相互照料，互通有无、亲如一家，民族与民族之间婚姻相通、工艺相习，习俗相染，节庆同乐。

坐商

除外来商户的流动摊位外，古城人卖东西总是坐在窄长的铺子里边，或永远不变的摊点上静候顾客的光临。对买者不喜于色，对不买的挑拣者也不怒于形；对老主顾光临不格外殷勤，对新顾客的来临也不怠慢，不卑不亢，不强求也不乞怜。更没有现代市场里那种拉拉扯扯、强买强卖、追逐不舍、高声喊叫，也没有短斤少两、以次充好、合伙哄骗那些现象。有人把坐商和官商连在一起，认为纳西族商品观念不强，甚至怀疑商贸古城的称谓。其实这是一种误解，它反映出的是特殊环境下形成的古老民族的行商哲学，我把它称之为坐商，与晋商、徽商相对应。

适应环境。纳西族地处边陲，人口不多，长期与周边民族和睦相处，频繁进行商贸往来的，有剽悍耿直、受宗教文化影响很深的藏族；有诚实信用、一次受益终身感激、一次受欺没有下次的彝族；有忠厚、处处与人为善的傈僳族；有机智、能言而不诈的普米族；而在它身边的还有文化发达、人口众多、物产丰富、商品意识很强的竞争对手白族。要在浮沉不定变幻莫测的商潮中立住脚跟、战胜强手，唯有适应环境塑造高尚的商德形象，环境决定人，人又改变着环境。

以诚为本。做生意的最终目的是赚取最大利润，这是谁也不会违背的商场铁律，但获取利润的手段却有种种，有人靠哄骗获利，而纳西族的坐商却以诚取利。卖布足尺另加三寸布头，卖米合升外带一杯，卖肉斤旺还要用小指轻压称尾。四方街头有一家给主顾双方量称量斤量尺的，从中取点手续费，只是他是社会舆论公推出的堪称商场道德典范的民营专业户。然而常常无事可做，也乐得清闲。多靠主顾双方的无劳而得舍施支撑存活着，也是街头一景。

定点行商。行商者大都有自家的铺面，摆地摊的也有自家世代固定的石板，行不改名，坐不改姓，每天都用自己的行为品性铭记在坐点之上，建立起无形的大大小小商贸纪念碑，让客商看"碑"还价取货，多少老字号至今还是美谈，虽然它已消失了近半个世纪。

不卑不亢。商贸的前提是公平，过分热心谦卑给人以作假之感；过度冷漠清高顾客敬而远之。所以和平时做人一样，平和随意，热中有凉，凉里藏热，形不外露，这种独特的"商贸表情"，保留至今，也是一种发展商品经济的独有资源，值得开发，传承和弘扬。

祭孔大典

雍正初年，丽江实行改土归流后，就开始兴办学宫、学堂和书院了。1919年五四新文化运动砸烂孔家店，学校取代了私塾、每个大村（保）都有公办的保国民学校，但在离城仅三里地的乡村，仍保留着一位老师，领着十多个学生办私学，读孔子的书，"明目张胆"地举行祭孔夫子大典。

半天的祭典，几个月前就开始筹措奔忙，租借各种祭器如壶樽、牺樽、鼎炉、大花瓶、大烛台等；乐器如悬鼓、铜锣、大钹、小镲，还有一架脚踏风琴（这是从洋教堂借来的），加上做饭用的各种炊具，堆满了一大间屋子。村里的义工们，用棕树皮、构皮蘸灶灰水擦拭，他们不断地揩抹，不留有一点瑕疵。这些多年无人管顾锈迹斑斑的器皿，很快就变得光彩鉴人、焕然一新。

祭孔夫子的很多繁杂的事都有专人分管，村里的青壮年都会来帮忙，大多是力气活，虽然累些、脏些，但只要肯出力总是可以做到位的。

神圣的祭器、乐器、舞器都已排列齐整，从操场到道路都扫了一遍又一遍，连水沟里的污泥都被掏尽，学校附近农户的牲畜都暂时到亲属家回避了，路旁的刺棚和柳条都修剪过，焕然一新。一看就知道是有盛大节日临近了！

祭孔大典安排在靴顶寺，主祭场在西侧长三丈宽一丈的教室，北面墙上挂着的一大张孔圣人绣像（是从绣像上描下来的线条画）

足足占据着一面墙，显得格外庄重肃穆。本来还要有先贤颜回、孔鲤、曾参、孟轲等四尊和先儒周、程、蔡三尊牌位，只是庙小容不下那么多星宿，人少服侍不了那么多贵人，只好作罢。后边南墙上挂着孙中山总理头像，其下是总理遗嘱，很小但仍显眼。时间跨度长达两千多年的复礼与革命两尊先哲伟人，在这里同处一室相向而坐，甚是罕见。主祭坛两侧安排了六个贵宾座位，黑色镏金的太师椅，在呈90度垂直靠背上正襟危坐着五位穿长袍马褂，一位穿中山装的来自上头城里的贵宾。他们有的蓄有长胡须，有的下巴剃得铮亮，有的留着一字胡。

台下站着十三四个孔门弟子——今天的主角，整个城南响当当的明星。本来曾考虑过着装统一，但难于上青天。有穿长袍马褂的，多数是简便的中山装，其间也夹杂着仍发出膻味的羊皮袄。有新缝制的得意洋洋，有借挪来的很不合身，总是不习惯地抽袖。"有教无类"在这里得以全面体现。主祭人和寿山老师，穿着一套暗淡而皱巴巴的袖袍，据说是年轻时就缝制的，只有重大的节日才从柜子底层扯出亮相，尽量显出安定淡定历经过大场面的风度，但内心的波澜不安与焦虑已从沁在额头上的汗珠反衬出，我们只能在心里祝他好运。来自十里八村的观众们拥挤在院子里，更多的在门外操场上，只能收听二传手们的实况转告了。人多而杂，但侧耳细听，秩序井然。这可是孔府家门的大事啊！

"祭孔典礼开始！"一个瘦小但有一副洪亮嗓门的长老庄严宣布。接着是鸣炮，但可能因为受潮点燃后才乒乓响了几下。传言还租来两颗官府专用的午门竹炮，好像也没有炸响，让人感到十分惋惜。

接着是盼望已久的"四献"，即献乐、献舞、献礼、献歌。

献乐。由几个民间乐师奏洞经《十供养》。这些乐师习惯于在家里嬉笑怒怨自娱自乐，自我消遣，拉到这大典上来，有些不自在，一个弹琵琶的连断了三根弦，居然还能在一根弦上弹完了全曲，这让他因此而声名远扬。

献舞。由一位东巴经师模样的人献上迎神舞，舞步鼓点从容不迫，可能受过短期培训或有高人指点。只是越跳越偏离儒乐悄悄地接近东巴舞风，好在这里没有谁观赏到过山东孔庙里的韶舞，大家都无任何异议愉快地接受了。

献礼。端着打整得白白净净的猪头、全鸡、全鹅，还有一盘盘盖着红布的礼品堆满了祭桌，礼品往往是城里富绅送来的书籍及文房四宝。

接着学生们献歌，这是大典的重头戏。

十几个服装不整、高矮不一、年纪悬殊、嗓音各异的男声"合唱团"唱一首一字一顿一韵佶屈聱牙的古歌。我猜想这也是老师唯一能教的一首。文庙春季乐章共分三十二句四章，每章八句，练了十来天，才能哼出第一章的先四句——"大哉孔子，先知先觉，与天地参，万世之师"，后四句"祥徵麟绒，韵和答金丝，日月既揭，乾坤清夷"仅留下了点印象。"合唱团"决定选唱前四句，后四句做准备。

功夫不负有心人。没想到从小就在"喂没答""公气"等通俗易懂、朗朗上口的民歌熏陶中成长的学子们，还能攻占汉音乐文化的"巅峰"。古老的靴顶寺里，在脚踏风琴的伴奏下两千年祭典的《咸平》之章复活了，至今我还能准确地唱出此歌。

考课和对课也是祭孔大典的组成部分。学生们从"四书"中选一段或几段当场背诵，这可是在旧制学校学子们的硬功，也是老师的得意之作。师生们都心驰神往，跃跃欲试。参与的学子们被要求按顺序出列上前三步作答。一开始往往非常顺利。"子曰：学而时习之，不亦说乎？有朋自远方来，不亦乐乎！大学之道，在明明德，在亲民，在止于至善。君子中庸，小人反中庸。中庸其至矣乎！民鲜能大矣。"从靴顶寺里头出来的学子，一个接一个口若悬河。坐在台上的满腹经纶的贵宾先生们惊呆了，在窗外听众席上的人们也交口称道，家长们更是喜形于色，昂头四顾。老师从紧蹙的眉头中看到内心的舒展，多年之功今日得以昭显。美好的时光总是短暂的。有个老先生看出了成绩簿里的瑕疵：这些学子长于顺着背诵。他当场堵口截流："请君诵读《泰伯》第八之二段"。场内刹那间变得鸦雀无声，大家的目光都聚焦在能扭转乾坤的尖子生某君身上。本来此君大步出列，从容不迫，踌躇满志，可是突然被冻结似的哑了。只见他红着脸，嘴唇嗫嚅嘀咕着，显然是把论语从头至尾迅速地脑间滚过……过了好一会儿，出题的老先生看着无望，示意他入列归队，场内发出轻微的叹息声。突然峰回路转，传来"恭而无礼则劳，慎而无礼则葸，勇而无礼则乱，直而无礼则绞"的诵读声。只要理出头绪，接下来便像竹筒倒豆子似的，此时变成了全班同诵《论语》，声音震荡在古寺里，久久不得止息。

五岁的我是最后一个轮到。贵宾们看着这个瘦弱的孩子，一致地想抬抬手，让他过去吧。只有老师用他那细小的眼睛深情地鼓励我：能行。我正步出列，铆在先生们脚前等待发问。"选题自便"。我接了过去，中间几乎没有时差。"他人之贤者，丘陵也，犹可逾也。仲尼，日月也，无得而逾焉。……德者本也，财者末也，是故财聚则民散，财散而民聚。唯天下至诚，为能经纶天下之大经，立天下之大本，知天地之化育。"我一口气诵读了《论语》《大学》《中庸》里的三段，而且选的是倒数的几段，也还不是末尾。贵宾们先是一震，似有疑云，面面相觑，不置可否，场面凝重，沉滞了好一会。其间有个贵宾最先回过神来大声破解道："常人忽略之句典，既能传自孺子之口，奇才，奇事。"其余的先生们如梦初醒，一致发声：头尾相顾，点水不漏。但记得没人能说出另两段的准确章节。看来天下读国学的都一样地"从头"顺着念，走着瞧，少有"至尾"的。其实我能独秀的谜底在我祖父的"提头知尾，头尾相顾"的读经秘诀。他总是说，经典之要在两头，吃透首尾再攻中段就轻而易举，否则半途而废。所以老师讲头，祖父讲尾，我坐收学堂与家学读经之利之便，才得以在祭典上扬名——圣公湛，至今还有人叫。

最后是来宾讲话。台上六位先生相互谦让推辞了一番，便一个接一个起立讲演亮相，有的挺直腰站如松柏，有的来回走动，似乎是在寻找什么，有的把挂着的拐杖抬起又落下好像是在谈天说地，有的不停地清理嗓门干咳，有的声如洪钟连瓦片都震颤，有的细如飞蚊自讲自听。个性鲜明，各有自己的套路，但也有十分一致的，一律不用讲稿，脱口而出，讲的一个主题简短干脆，三五分钟内完成，都用的文言"之乎者也"来表达对靴顶寺学堂十三个学子的拳拳之心。所讲的内容大致可分三类：一是高度赞扬国学的博大精深，认为必须深读苦钻、锲而不舍；二是赞颂孔子孔学，开启中华文化之先河，"半部论语治天下"；三是褒奖学子们，身居破庙心忧天下，后生可畏，前程无限。当然也不忘称赞老师的为人师表，教子有方。赞词还有乡风淳厚、家学渊源、藏龙卧虎，必有石破天惊飞、黄腾达之日，等等。这些老学究们生动警策的金玉良言,可惜学子们都没能听懂,幸好窗外聆听的几位乡绅全记住了,反复地给我们(包括村民)讲至尊的先贤们吐玉泻珠般的语录,这些再教育整整持续了多年。直到今天我还能写出这些先生们七十年前的教诲。

在敬读《总理遗嘱》声中,祭孔典礼圆满收尾。这是学子们平时练就的基本功,句子长又佶屈聱牙但都念得十分顺畅整齐。推翻终结两千多年封建帝制的革命者能来到这里为祭孔压阵,看起来有些滑稽但合乎时宜,因为这是发生在1945年的事。

最美最宜人类生活的天堂
——金沙江上游旅游开发前景研究

张 信

近30年来,我有机会到全国各地走走,也有条件到世界上闻名的地方看看。同时买了国内外有关历史文化、旅游经济等百多种书来认真阅读,作了比较研究,增长了一些知识。回过头看看家乡丽江,惊喜地发现在丽江市和迪庆州山水相连的中间——金沙江流域,特别是从玉龙纳西族自治县的大具乡到迪庆藏族自治州德钦县奔子栏乡的金沙江,两岸是滇藏走廊最繁华的地方,地属金沙江上游核心区,是地球上最美最适宜人类居住生活的天堂之一。

从德钦县奔子栏到玉龙县大具乡,金沙江流过两州市的16个乡镇,全长约280公里。德钦奔子栏乡政府所在地海拔2022米,玉龙县大具乡政府所在地海拔1680米。这一段金沙江两岸居住着藏、纳西、汉、普米、傈僳、白、回、彝、苗等十多个民族,各民族和睦团结。金沙江两岸雪山、草原、森林、梯田连江、盆地秀美,山川险峻,风光壮丽。两岸植被丰厚,珍稀动物、植物种类繁多,总之,这一段金沙江峡谷自然风光壮美,民族文化灿烂，人文景观富集，土地肥沃，物产丰富。金沙江两岸集科学考察、民族研究、观光、探险、漂流旅游、休闲疗养、药材种植基地于一体。而且这些丰富的宝藏，仍是藏在深山人未识的仙女，未被人类掀开她的神秘面纱。人类对她的认识、研究、开发、投入、包装还只是初级阶段。今天，我们来全面认识她，才发现这一段金沙江两岸是那么美、那么有魅力、资源那么丰富、发展前景风光无限。金沙江是一条流金的江，已流过了亿万年……今天，我们这一代人有眼光、有魄力、有能力捧到金沙江中闪闪发光的"黄金"了！

一、环境独特　物产丰富

家住"长江第一湾"石鼓的学者范义田创作了几十副对联，其中范宅大门上的两副对联近百年来一直被人们传诵。其一，"山连云岭几千叠，家在长江第一湾"；其二，"春风绿泛长江水，晴日红妆大雪山"。这两副对联勾画出了从德钦奔子栏至玉龙大具乡的优美环境。对联让人过目不忘，而文字所描绘的优美环境，更使人魂牵梦绕。

从奔子栏至大具乡这一段金沙江河谷，海拔从 1680 米升至 2022 米，280 公里长途地势缓缓升高，上下气温差别不大。金沙江两岸雪山耸立，森林繁茂，有山区和坝区，一个连一个的江两岸平坝，大的一两千亩，小的两三百亩。气候温暖，土地肥沃，水源丰富。农作物以稻谷、小麦、玉米、油菜等为主，金沙江两岸是富庶的鱼米之乡。山区以玉米、小麦、洋芋、芸豆、青稞、燕麦为主。牧场广阔，牦牛、黄牛、羊群肥壮。经济作物有核桃、漆树、苹果、梨等。这一带还是"云药之乡"，玉龙县鲁甸乡有滇重楼、当归、红豆杉、云木香、丹参、云黄连、珠子参等名贵中药材。森林资源较丰富,玉龙县鲁甸乡新主植物园,有一棵三千多年的"冷杉之王"。金沙江两岸云杉、冷杉、云南松、大树杜鹃,黄栗白栗木材一山连着一山,一岭高过一岭。

两州市崇山峻岭中流入金沙江的河流众多,水量丰沛。德钦的下若河,维西的腊普河,玉龙的塔城河、古渡河、黎明河、石鼓冲江河,香格里拉市的尼西河、墙头河等十几条河流汇入金沙江,十多条河两岸都是鱼米之乡,自古是各民族繁衍生息的美丽家园。

二、历史悠久　民族众多

从大具乡至奔子栏这一段金沙江河谷,气候温暖,河流众多,土地肥沃,交通便利,自古是滇藏茶马大道的枢纽。1964年木家桥发现的"丽江人"头骨化石,证明早在距今10万—5万年以前就有人类祖先在金沙江河谷两岸活动。近50年中,从玉龙县和香格里拉境内多处发现新石器及青铜器时代的众多文物。西汉元鼎六年(前111)至东汉时期,县域属益州越巂郡遂久县。唐代、吐蕃和南诏先后在铁桥城(今玉龙县塔城关)设神川都督府、铁桥节度。宋时在大理国境内,称金沙江边的石鼓、巨甸一带为"九賧"。元朝忽必烈征大理国,封统治石鼓、巨甸一带的么些头领和牒之子阿乾为察罕章管民官。明王朝置丽江府,领四州一县,其中包括通安、巨津、宝山三州。1986年10月,全国人大常委会副委员长班禅额尔德尼·确吉坚赞到丽江视察,在黑龙潭五凤楼的座谈会上,他说:藏族和纳西族亲密团结的友谊源远流长。在《格萨尔王传》叙事长诗中有一部叫《姜岭之战》,诗中记叙了格萨尔和纳西族王子之间的战争,还称赞"骑着白马的纳西王子作战非常勇敢"。长诗更多记叙了藏族和纳西族在金沙江流域的交往、交流、贸易和互通有无。丽江和迪庆之间的金沙江自古是各民族相互交流、共同生活生产和发展的地方。

据唐代樊绰《蛮书》记载:"其铁桥上下及昆明、双舍,至松外以东,边近泸水,并磨些种落所居之地。"唐代初年,纳西族就定居在塔城上下金沙江两岸,且已经掌握了高超的冶铁技术。《新唐书》卷七记载,磨些蛮制造的铁剑"状如刀戟残刃。积年埋在高土中,亦有孔穴傍透。朱笴,出丽水,装以金弯铁蕩,所指无不洞也"。纳西族称这种兵器为"铎鞘"。

在唐初,云南各兄弟民族称纳西族为"笮都夷","笮都"一语,实为纳西语"桥边"之意。唐代定居在塔城关上下、金沙江两岸的纳西族,深感金沙江阻碍了两岸各族人民之间的交往,给生产、生活、贸易带来重重困难。在唐高宗调露二年(680),纳西族联合金沙江两岸的各兄弟民族,利用其先进的冶铁和架桥技术,选择塔城关金沙江较窄、江水平缓的地方架设铁链桥。先民们先打造巨大铁环,然后一环连接一环连成几米铁链;又在金沙江两岸石壁和磐石上作孔,先架藤桥,再将铁链一根又一根依附藤桥上拉直,固定在石孔上,铺上木桥,一座古老的铁索桥就建成了,这是世界上建造最早跨度最大的铁索桥,距今一千二百多年。

塔城关铁索桥建成后,成为云南和西藏的交通枢纽。塔城、巨甸一带成为茶马古市的繁荣之地。藏区的骏马、山珍、药材、皮货源源不断运到云南,再转运到内地;云南的茶叶、铁器、四川的丝绸,通过这里大批运往西藏,再转到印度等国家和地区。塔城关上下金沙江两岸因贸易枢纽在唐代就是富庶繁荣之地了。

三、百花盛开　文化灿烂

公元680年后，塔城关铁链桥的建成使交通变得便利，塔城关成为南方茶马古道、丝绸之路的交通枢纽。唐代吐蕃在塔城设神川都督府，贞元十年（794）南诏又在此地设铁桥节度。

唐樊绰《云南志》卷七记载："大羊多从西羌、铁桥接吐蕃界三千二千口将来博易。"南来北往的马帮、商人、官人，经济流、信息流、文化流带活带富了塔城上下、金沙江两岸各族兄弟，促进了生产生活和经济文化的发展。唐代时纳西东巴文化在金沙江边鲁甸、巨甸、塔城一代诞生并迅速发展，纳西族开始用自己创造的东巴象形文字记录生产生活，记录天象和节气变化，记录婚丧大事，并写成经书。近代知名的学者有大东巴和才、和开祥、和云彩等。20世纪40年代，和才为汉族学者李霖灿翻译东巴经，并帮助编写《么些象形文字字典》；50年代，在鲁甸、新主、塔城一带搜集到大批《东巴经书》，保存到图书馆；后为《纳西东巴古籍译注全集》一百卷的出版作了大量释读工作，这为人类留下了一份珍贵的文化遗产。

塔城关上下也成为藏文化和纳西文化交流的文化带。明清时藏传佛教先后在维西县塔城乡建达摩寺，在玉龙县巨甸镇兴建兴化寺，在塔城罗固村建达来寺。这些寺庙的寺僧以纳西人为主。寺庙的活佛及主持大多是纳西人。

这些寺庙每年都举行诵经、超度活动。举办金刚舞、勒巴舞、刹都舞、马鹿舞等吉庆活动，舞蹈歌词以德、财、旺、顺、吉祥为主题。如今，维西塔城、德钦下若一带藏、纳西等各民族每逢藏历年、春节和婚丧大事都要载歌载舞。玉龙县的塔城和鲁甸的勒巴舞、东巴舞男女老少都喜欢跳。巨甸镇的麒麟舞、仙鹤舞独具特色。

金沙江两岸居住着纳西、普米、汉、藏、白、彝等十余个民族。沿江民族文化走廊、各民族文化似金沙闪烁着不灭的光彩。1937—1943年，学者李霖灿在研究东巴文化时，收集了1107首民歌并编成《金沙江民歌》。1971年，纳西学者和志武到巨甸探亲，收集整理了部分"江边调"，在《玉龙山》刊出。2007年，巨甸人舒家政用五十多年时间搜集、编辑出版的《金沙民歌》，内容更丰富，分为劳动歌、生活歌、礼仪歌、情歌等，更全面地汇总整理了江边民歌。金沙江边民歌由此受到国内外的更多关注和青睐，成为祖国文化大花园中的一朵奇葩。

一片肥沃的荒地，一要经过勤劳的人们三至五年的开垦、施肥、灌溉才能种出水稻、小麦等五谷，才能获得粮食丰收。塔城关到石鼓一带的金沙两岸，从唐朝开始经济逐渐繁荣，各民族先进文化开始传播。明洪武十五年（1382）后，有汉文学校在石鼓、巨甸一带诞生。清末，在巨甸、石鼓有人参加科举考试。光绪三十三年（1874），巨甸石鼓古渡雾露湾的张谦科考获贡生。

20世纪初，石鼓出了一批在全国有影响的人才。画家周霖，其祖父周兰屏、父亲周鉴心均为清末举人。周霖从小受到严格的家庭教育，饱读诗书，尤爱丹青。30年代，周霖出云南省到过黔、蜀、鄂、上海，并进入上海美专作短期学习，博采众长，逐步形成自己的风格。1963年5月，云南美协为他举办"周霖国画作品展览"。同年9月，他的作品在北京中国美术馆展出。石鼓的奇才范义田，只上过小学，1931 年，云南省教育厅招考职员，他居然以文科第一名考中。被录用后，教育厅于次年送他公费入云南大学读书。1933 年，他就在全国有影响的《东方杂志》发表了两篇论文，其中《中国教育病态的诊断》又被选入《中华百科全书》。2006 年，《范义田文集》（上下卷）出版，著作分为历史篇、教育篇、创作篇、哲学篇、文学研究篇。《范义田文集》主编余嘉华认为"范义田先生是一位极具创造性思维、成果较为丰硕的学者"。石鼓还出了李寒谷、周凡等知名学者。

近 30 年，铁桥上下、金沙江畔，又诞生了一批新秀，有作家、诗人、画家、理论家、科学家等。大家熟悉的有杨世光、余嘉华、扬森、刘琼、张春和等。

四、奇观富集　市场广阔

从德钦奔子栏至玉龙县大具乡，一路名胜古迹甚多：金沙江支流"溜桐江铁牵桥"，尼西木氏土司银矿场，尼西古陶艺制作坊，塔城铁链桥遗址，明清时建的十多座烽火台，明朝的石鼓碑、石鼓古戏台、石鼓铁链桥，还有传说中留下来的孔明点将台、孔明设伏兵的诸葛岭、孔明住过的武侯村等。

大具乡至奔子栏金沙江流域，处于世界自然遗产"三江并流"的核心区，雪山耸峙，大川并列，奇花异草繁茂，珍稀动物、植物众多。如一线天盖一线江的虎跳峡，高耸入云的玉龙雪山、哈巴雪山，"长江第一湾"石鼓，滇金丝猴的故乡老君山、白茫雪山，黎明千龟山、鲁甸新主国家植物园，鲁甸拉美荣省中药材基地，维西塔城滇金丝猴乐园，塔城铁桥下江中心女娲堵江留下的鸡公石，香格里拉市吾竹乡后山顶上的千岛湖，白茫雪山上的大树杜鹃林海，还有绵羊、牦牛成群的高山牧场、迎春花海。这一段金沙江两岸，目前有珍稀濒危植物三十多种、国家重点保护动物六十多种。

这里海拔不高，气候温暖，土地肥沃，物产丰富。居住这里的藏、汉、白、彝、纳西、普米等族人民勤劳、智慧，创造了多彩多姿的民族文化。藏族的山歌、舞蹈和佛教文化独树一帜。纳西族的东巴文化、佛教文化、民歌、舞蹈一村一品、一山一个特色。20世纪30年代，就有法、英、美、俄等国学者来此地或采风，或搜集资料进行研究。近30年来，国内外学者、云南本省学者对塔城上下金沙江两岸纳西、藏等民族的历史文化，对这一区域的生态文化、旅游资源情有独钟，研究队伍因而一天天壮大。

五、联合开发　前景无限

金沙江从德钦县奔子栏流至玉龙县大具乡，这一段金沙江的旅游资源集自然风光、民族风情和人文景观为一体。这一区域的海拔、气候、经纬度、生态环境非常适宜人类的生产、生活，适宜休闲度假、疗养保健。距今10万至5万年前，就有人类祖先在这里活动，在这里繁衍生息。

这一段金沙江在丽江市和迪庆藏族自治州之间，山水相连，命运与共。要对金沙江两岸作总体规划、进行长远的大规模的整体开发建设，必须两州市团结起来，联合开发，因为这是大项目、大手笔，在云南、在全国旅游产业发展史上也是一个突出亮点。

笔者曾率云南新闻采访团到西欧的法国、德国、意大利等国旅游产业作过采访，并对在法国举办的环法自行车大赛作过深入了解。如果每年3、4月在大具乡至奔子栏金沙江两岸举办国际自行车大赛，从香格里拉市下虎跳出发逆江而上至奔子栏，又从奔子栏顺江而下至玉龙县龙蟠乡，来回五百多公里。3、4月份，春来江水绿如蓝，群山碧绿，一线天蔚蓝，江两岸油菜花金黄、桃花红艳，这是一幅绝美的图画，足以吸引到全世界的眼球。

奔子栏至龙蟠260公里的金沙江，江流平缓，也适合举办全球性漂流大赛。这一段风光、风情、文化适合开展摄影、舞蹈、民歌大赛。

这一段在三江流域的核心区，适合开展探险旅游、科考旅游、民族文化采风旅游、乘直升机观光旅游等。

这是一块如意宝地。近几年，在这一流域的老君山、黎明景区、维西塔城滇金丝猴景区开展了一些旅游项目。如果能争取到云南省和国家的支持，列入国家大旅游的项目盘子，对金沙江上游作总体规划，分期开发，将产生长远的大效益，惠及两岸少数民族，并为云南为国家增添巨大光彩和财富。

弘扬生态文明 共建绿色未来[*]

张 信

在刚刚谢幕的十二届全国人大四次会议和全国政协十二届四次会议上，党和国家领导人对建设生态文明和加强环境保护作了重要讲话，提出了新的要求，充分体现了中央对生态环境保护工作的高度重视和殷切希望。

深入学习贯彻"两会"精神，首先，要不断加深对"五大发展理念"特别是绿色发展重要性的认识。习近平总书记2015年在云南考察时强调："云南有很好的生态环境，一定要珍惜"。丽江市居金沙江上游，拥有良好的生态环境和自然资源，富集的水资源、森林资源、物种资源，也是著名的旅游目的地，这是我们绿色发展的核心竞争力。

长期以来，良好的生态环境和自然资源与经济落后及财力薄弱的矛盾一直困扰着丽江的各级领导和各族群众。绿色发展如何破题，绿色发展如何成为经济支柱，绿色发展如何造福民生、如何改善各族群众的生产、生活、健康，是丽江人一直思考的问题。答案在

---

[*] 本文写于2016年。

"两会"相关文件中体现：只有弘扬生态文明，才能共建绿色未来。

一、生态文明失落的教训

全国"两会"期间，云南环境保护厅厅长张纪华告诉记者："云南作为我国西南生态环境安全屏障和生物多样宝库，承担着维护区域、国家及国际生态安全的战略任务。"认识到位，且任重道远。我们从昆明乘飞机飞往拉萨，低头往下看，千里路上，巍巍高山连绵，条条河谷深切，映入眼中的一幕又一幕的是荒山秃岭，残崖断岩，红土裸露，草木稀少，令人备感沧桑悲凉。只有飞过虎跳峡至梅里雪山这一段时有一片绿色，很美很壮观！让人心中有一点喜悦。这一段是"三江并流"的核心区，是自然遗产保护区。这是大自然对丽江的偏爱，给予丽江人的恩赐！

在纳西族古老的《东巴经》中有一篇《"署"鹏争斗》，千年前就提出："人与自然，一元同源。"经书中记载："署（纳西族崇拜的自然神）与人，一个父亲，两个母亲。自然与人，同父异母兄弟，理宜合好，和睦、友善，相互依存，共处共荣。"人和署达成盟约："如天誓地盟，人有义务约束自己；而署深居远山老林，大海水底，不再作怪。冬季白鹤飞来，夏天野鸭降临，松树长叶，白杨吐芽，署四季都不到人类活动的地盘降灾。"如果人违约，乱捕滥猎，乱砍滥伐，将受到严厉的处罚，并要还债。千百年以来，在纳西族先民的理念中，万物有灵，水有水神，山有山神，树有树神，对山水对草木对动物只能保护，不能乱来。这悠久丰富的生态文明观念，很好保护了三江流域、保护了玉龙雪山的原始生态，这是丽江各族人民最大的造福、最大的贡献。

但是人类的发展活动总是那么曲折，从 20 世纪 50 年代末至

70、80年代,丽江村庄周围森林,甚至原始森林,因为种种原因遭到了大面积的破坏,古老的生态文明理念受到践踏。

20世纪60年代,北方的十几个森林工业局来到了云南,丽江地区驻扎了华坪、宁蒗、碧泉、巨甸、黑白水等森林工业局,一共五个砍伐原始森林木材的工业局。当时丽江县驻扎的两个森工局在鲁甸、巨甸、金庄、石头、九河、白沙、鸣音等十多个乡镇都设有砍伐木材的材场。

玉龙雪山是丽江纳西族的神山,自古一草一木、一鸟一兽都受到严格保护。坐落在雪山脚下的白沙乡玉湖村纳西人民长期以来也坚守了这一规矩。可是,从1980年开始,随着木料市场开放,玉湖村群众认为靠山吃山,"山上木材国家在砍,县里在砍,集体在砍,不砍白不砍,砍木头赚钱容易。"滥伐森林之风随之兴起。据当时白沙乡张乡长介绍,滥伐高潮时,全村一天九十多匹马上山拉木料,不到十年,玉湖村周围茂密的森林被砍光,"玉柱擎天"两人合围擎天大树一棵棵倒下,玉湖村与玉湖之间有一大片森林,纳西语叫"拖撞"即大森林,两年间被砍光。1980年前,玉湖妇女上山拉松毛、砍柴只需去一公里,现在走五公里也难找到松毛和柴。更让人痛心的是,村民此时不顾后果向幼树下手,一次砍很多小树,这种竭泽而渔的做法使无森林的玉龙雪山山麓雪上加霜。

1988年8月15日,《人民日报》头版发表了《金沙江两岸森林告急》的通讯,开头写道:8月15日中午,记者在丽江县新主村看到公路两边,木材垒成一排排高墙。我们问扛着大斧长锯准备上山的伐木人群,"你们这么乱伐森林,懂得《森林法》吗?"他们回答:"我们只知道《计划生育法》,不知道《森林法》。"文章刊出后,时任国务院副总理田纪云指示林业部和云南省政府领导:"必须当机立断采取最坚决最有力措施制止乱砍滥伐森林,越快越好!"三天后,林业部部长、云南省省长和志强、公安部副部长来到丽江迪庆森林区检查,林业部和云南省联合查处金沙江两岸森林滥伐事件,连查了八个多月,基本刹住了这股邪风。但是,二十几年的乱砍滥伐,使丽江的森林元气大伤,生态环境严重破坏。大自然赋予人类的一半是金银,一半是血泪。山林日减,水土流失,灾害频繁。

二、建设好生态文明任重道远

大地、自然是我们最先也是最终的家园。时代在发展,人类对地球资源的需求越来越多,对地球环境造成的伤害也越来越大。"环保"两个字很容易写,做起来却困难重重。"共建生态文明,同享绿色未来"是我们努力的目标,也要清醒认识到其实现任重道远。

"认识地球,和谐发展",是 2008 年世界地球日的宏大主题,而生态文明的核心理念,是可持续发展的幸福生活。

丽江真正重视生态文明,坚定绿色发展的道路是从 1994 年秋开始的。1994 年 10 月 24 日,云南省政府滇西北旅游规划会议在丽江闭幕。此次会议原则批准了《滇西北旅游发展规划纲要》。省长和志强宣布了省政府的十二项决定。法定批准大研古城"五四三二一"工程;建设高水准的大理、丽江旅游路线;切实保护玉龙雪山生态环境,加强对老君山等风景资源的普查工作。会议刚结束,和志强就驱车赶往玉龙雪山,在鸣音乡和大具乡的三岔路口,他停下来,用望远镜仰望玉龙雪山,俯瞰大具坝子。他说:"20世纪60年代初,我从丽江城到大具,路在茫茫林海中穿行,很多时候看不到天,只见云冷杉高入云天,遮天蔽日,如今,路两边大一点的树都砍光了。"最后忧心忡忡地说:"再不保护好玉龙雪山四周的森林,树砍光了,山顶积雪化完了,谁还会来玉龙雪山,谁还会来丽江旅游?"走到车子旁略一思忖,大声说:"走,到大具坝看看,到虎跳峡看看,保护金沙江也是我们省的环保之重!"

朱镕基曾两次来丽江,为丽江的长远规划、绿色发展指明了方向。1995年10月5—8日,朱镕基在丽江考察,听取丽江党政领导工作汇报后指出:丽江这个地方既有自然景观,又有历史文物,还有少数民族特色文化,这很难得,发展前景很好,很可能发展成一个重要的国际旅游目的地。1999年8月13日,朱镕基又一次来到丽江考察,并在丽江召开了实施长江上游天然林保护工程座谈会。要求丽江进一步下重拳,定铁纪,谋发展,保护好金沙江两岸植被,发展绿色产业、发展无烟工业大旅游。

1996年"2·3"大地震后,丽江的领导和群众在大灾难之后抓住大机遇,促使丽江实现大开放、大发展。首先,制定了《丽江市天然林保护工程实施方案》,对玉龙雪山、老君山、小凉山实施封山育林,建立了玉龙雪山自然保护区,林区得到了休养生息。对泸沽湖、程海、拉市海进行高原湿地生态保护。对金沙江沿岸的战河木材纸浆厂等实行停产关闭,解决了丽江境内长江上游污染源问题。1998年8月,玉龙雪山被公布为国家级重点风景名胜区。

"十二五"期间,丽江市认真落实党中央、国务院关于加快推进生态文明建设的战略部署,大力推进生态保护与修复工作。启动新一轮退耕还林工程，继续推进天然林资源保护、水土保持、湿地生态保护与恢复、森林防火、森林防砍伐、有害生物防治等支撑保障工程建设，有效促进了金沙江沿岸、玉龙雪山、老君山、小凉山林草植被大幅提升，群众生产生活环境得到有效改善，丽江市生态环境向好转变。

党中央、国务院关于"十三五"加快推进生态文明建设战略部署已经启动。丽江拥有丰富的森林资源、水资源，又是著名的旅游目的地，可以说绿色生态是丽江最宝贵的资源，也是丽江的核心竞争力。同时，我们也应该认识到丽江特殊的地质构造，险峻的地形地貌，"十里不同天"复杂的气候环境条件导致丽江生态系统空间小、稳定性低，抗干扰能力弱，生态环境十分脆弱，一旦破坏很难恢复。野生物种多，但种群稀、数量少、分布区域狭窄，生态适应能力低，许多物种处于濒危状态。另一方面，金沙江流域经济社会发展与生态保护的矛盾仍比较突出。农村贫困面大，贫困人口多，贫困程度深，丽江市经济社会发展相对落后，在保护生态环境的同时，也丧失了一些产业发展和基础设施建设的机会，再加上地方财力薄弱，导致生态环境保护欠账越来越多。

丽江市位于长江上游生态保护的敏感区和脆弱区，扶贫脱贫和生态环境保护的任务越来越艰巨，各种矛盾也越来越显现。只有将丽江纳入金沙江水系生态补偿范围，并在相关生态环境保护项目和资金上给予扶持，不然，丽江地区弱小的财政经济难以支撑金沙江流域生态环境保护的支出，难以解决保护生态与扶贫和脱贫的矛盾。还有，滇西北森林及生物多样性生态功能区，金沙江干热河谷生态功能区保护和建设的转移支付等，以及程海、泸沽湖、拉市海流域的水质保护，应该纳入国家生态功能区转移支付范围。丽江人民为保护长江上游的森林、长江上游的水质作出了巨大的付出和贡献,也是对国家、对中华民族的贡献。

近几年,丽江的生态文明实现较好发展,我们的玉龙雪山、老君山、小凉山等一座座高山更绿了;我们的泸沽湖、程海、拉市海一个个湖泊水更清了。我们坚信,丽江各族人民已经牢固树立起环保意识,并参与营造环保氛围,为建设生态文明丽江,发展丽江绿色未来,千方百计建设好我们赖以生存的家园而努力。

生态文明的内涵分析

杨桂芳

一、生态和生态系统

（一）生态

从地球环境的演化历程来看，生命是地球环境发展到一定水平的产物，在很大程度上，地球上所有生物的自然形态和习性都是由环境塑造成的，而生命的出现既是地球演化史上的一次最大的飞跃，又为地球环境增添了最为活跃的因素。生物与环境的关系表现为生物依存于环境又受制于环境，同时影响环境。可以说，地球上生命的历史一直是生物及其周围环境相互作用的历史。生物与环境相互作用的关系造就了和谐的地球环境，正是在这种和谐的地球环境中，森林古猿逐渐进化成为人类。因此，自然环境先于人类存在，人是自然之子，与地球上所有生物一样，人也是大自然中的一员。

"生态"最初的含义就是指有机体与其环境的相互关系。因此，生态表明的是一种关系。这种关系，从生物在地球上出现就存在，它是一种自然现象，遵循自然规律。从静态上看，它是生物与其所处的生存环境状态的一种表征。从动态上看，生物可随其生存环境的改变发生变异不断进化发展，从而使得这种关系越来越复杂，越来越稳定。由这种关系建立起来的生态系统即是生物与环境协同进化的统一整体。

（二）生态系统

研究生物之间及生物与环境之间相互关系的学科称为生态学。"生态学"一词最初是由德国著名自然科学家埃·海克尔（Haeckel）于1866年在其《普通形态学》一书的序言中提出的。1935年，英国生态学家阿瑟·乔治·斯坦利爵士（Sir Arthur George Stanley）首次提出生态系统的概念。20世纪60年代以后，人口、环境、资源等问题成了威胁人类生存和持续发展的重大问题，人类面临着严峻的生态危机。在这一历史背景之下，"生态系统"的概念引起了生态学家们的特别关注，生态学的研究重心由此也开始转向生态系统。

生态系统是在一定的空间和时间范围内，在各种生物之间以及生物群落与其环境之间，通过能量流动、物质循环和信息传递而相互作用的一个统一整体。任何生态系统都具有以下共同特征：一是具有能量流动、物质循环和信息传递三大功能；二是具有自我调节的能力；三是一种动态系统。

在一个未受干扰和少受干扰的正常生态系统中，物质和能量的输入和输出趋于平衡，这种动态的和相对稳定的平衡关系称为生态平衡。生态平衡是生物维持正常生长发育、生殖繁衍的根本条件，也是人类生存的基本条件。

人类是生态系统的重要组成部分，人类无法离开地球而生存，也无法脱离其生态系统。人类和其他生物一样，同样要参与到生态系统的物质循环、能量流动和信息传递之中。研究人类与环境相互关系的学科是人类生态学。但是，人之所以称为"人"而不是动物，是因为人类创造了文化，由文化成果凝聚成人类文明，文明赋予人类对环境的适应性和能动性，使人类在适应生存环境的过程中，能够认识自然、改造自然。

二、文化与文明

（一）文化与文明的起源

据人类学的研究，化石和地质上的材料证明了人是由森林古猿进化来的。森林古猿原来在茂密的森林里过着树栖的生活。后来部分地区的气候变得非常干燥、寒冷，那里的森林大量减少了，使得这些地区的森林古猿被迫下地生活，一代一代地向直立行走的方向发展：下肢用来支撑体重和行走，逐渐变得粗壮有力；而前肢则解放出来，能够使用树枝、石块等来获取食物、防御敌害，臂和手也逐渐变得灵巧，逐渐学会了制造和使用简单的工具。工具的制造和使用，又促进了脑的发展，使人类能够想出各种办法来解决困难，因此，人类不仅能被动地适应外界环境的变化，而且能主动地认识自然、改造自然，并在改造自然的进程中改造自己，使人类本身的形态结构发生变化，以适应新的功能。

这些变化中最重要的是神经系统特别是大脑皮层得到了高度的发展，使人类在劳动实践中理性思维逐渐发展，在这种结构和功能协同发展中产生了语言，并且能够以语言为载体进行思维活动。人类的思维和语言在相互依存中发展，大脑的语言中枢也因此日益完善。丰富的语言，使人与人相互之间能更好地交流与合作，可以说，这就是文化现象，人就是靠文化来与环境发生互动关系的。人类创造的文化通过语言在个体间传授、在后代中传承，但对文明而言，一万年前开始的农业则更为重要。

约五千年前，人类发明了文字。由于文字的发明，人类文化终于能借助语言文字的信息载体功能，把在劳动实践中获得的技能、知识和经验，一代一代地积累起来，传授下去，从而完成了一个划时代的文化模式的飞跃。

（二）文化与文明的定义

人类从野蛮到文明，靠文化的创造和文化的发展。关于"文化"的概念，古今中外，众说纷纭，人们提出了数百种有关文化的定义。历史上，绝大多数关于文化的定义，都有一定的科学道理，但至今仍未达成共识。这是因为，文化本身就包罗万象、深厚广大，并且随着环境的变化、时代的变迁不断发展和变化。

中国是世界上最古老的文明古国之一，因此，文化源远流长，文字记载的文化表述也历史久远。《周易·贲卦》的《彖》曰："刚柔交错，天文也；文明以止，人文也。观乎天文，以察时变，观乎人文，以化成天下。"意思是说，阴阳变化是大自然的根本法则；人类要遵循自然规律，约束自己的行为，这是人类社会的伦理道德。通过观察自然现象，认识自然变化的规律；通过观察人的伦常，教化世人治平天下。"天文"指自然，"人文"指人类社会。将"天文"和"人文"放在一起议论，是因为它起到一种对比作用，相互照应，说明文化是"自然的人化"，即人是自然之子，人要领略自然规律从而产生文化，因此，不同的自然环境会产生不同的文化。

对于文明的内涵，我国古代文献中有许多记载。例如《周易·乾·文言》所说的"见龙在田，天下文明"。"见龙在田"是对远古农耕文化的描述，"天下文明"指人在认识自然、改造自然中创造的人与人、人与自然和谐相处的美好景象。

文明是反映人类社会发展程度的概念。它表征着人类社会或一个国家、一个民族的经济、社会和文化的发展水平与整体面貌。许多学者认为，文明的内涵具有广义狭义之分。广义的文明的涵义是文化发展积极成果的总和，是良好的生活方式和精神风尚，表明物质文明、精神文明和政治文明达到较高的水平。狭义的文明是指与野蛮相对的理性的社会体系。

（三）文化与文明的关系

联系。第一，文化与文明都是人类社会所特有的现象，是人类为生存发展而创造的物质和精神成果，是人类区别于动物的本质属性。第二，文化与文明都是人类种群特征，而不是个体特征。第三，文化的产生和发展是文明的基础，文明是文化发展的高级阶段。

区别。第一，从时间来看，文化的产生早于文明。第二，从空间来看，文化具有地域性，而文明是一个历史过程，无空间的界定。第三，从形态来看，文化是可以比较的，如有先进与落后、精华与糟粕等的区别，而文明代表的是先进文化凝聚的积极成果和社会进步。第四，文化是一个民族身份的重要标志，文明是整个社会进步和发展的重要标志。

三、生态文化与生态文明

（一）生态文化的内涵

尽管"生态"一词近代才出现，但对中国而言，生态文化很早就有了，从某种程度上说，中国传统"天人合一"的理念即生态文化。五千多年传统文化的主流儒、释、道三家，是我国传统文化的最重要组成部分，儒、释、道三家都在创造人与自然和谐统一的生态文化，对中华民族生态文明的形成产生了深远的影响。

孔子在《礼记·中庸》中明白表述了儒家心目中的生态观："唯天下至诚，为能尽其性；能尽其性，则能尽人之性；能尽人之性，则能尽物之性；能尽物之性，则可以赞天地之化育；可以赞天地之化育，则可以与天地参矣。"意思是说人只有如此至诚地发挥他的本性，就能充分发挥众人的本性；能充分发挥众人的本性，就能充分发挥万物的本性；能充分发挥万物的本性，就可以帮助天地培育生命；能帮助天地培育生命，人在地位上才能与天地并称，达到天道、人性、物性和整个自然界、整个社会的和谐统一。

道家崇尚自然，希望通过道法自然实现天道与人道统一。老子《道德经》里有这样一段话："道生之，德畜之，物形之，势成之。是以万物莫不尊道而贵德。道之尊，德之贵，夫莫之命而常自然。故道生之，德畜之；长之，育之，亭之，毒之，养之，覆之，生而不有，为而不恃，长而不宰，是谓元德。"意思是说，道是一种自然法则，大自然中的万物生长，有其自然规律和法则，人和自然都遵循着道所固有的运动规律，生育万物而不占有万物，滋养万物而不居功劳，繁衍万物而不侵扰万物，这是最上等之德行。

中国佛教认为，"山川草木悉皆成佛""山川草木悉有佛性"，意思是说，大自然都有其存在的价值，都追求人与自然的和谐统一。

《易经·系辞下》曰："易之为书也，广大悉备，有天道焉，有人道焉，有地道焉。"这种天、地、人相互关系的"三才"理论，就是最早的生态思想。西汉《淮南子·主术训》说:"上因天时,下尽地财,中用人力";宋贾思勰《齐民要术》认为:"顺天时,量地利,则用力少而成功多,任情返道,劳而无获"等,都是提醒人们种庄稼必须遵循自然规律,把握因时因地因物制宜的原则,加上人的主观能动作用,就可确保农产丰收,如果违反自然规律,则会劳而无获。

天人关系是中国文化的核心,对于人与环境关系的高度审视形成了中国文化的生态学特征和生态学传统,中国传统文化本质上是一种生态文化。

《吕氏春秋·义赏》中的"竭泽而渔,岂不获得?而明年无鱼。焚薮而田,岂不获得?而明年无兽",体现了我国古代先人已具有自然资源是有限的,对自然资源要持续利用的"生态平衡"思想观念。

直到今天,中华大地上各民族都传承着自己独特的生态文化,并随着时代的变迁、环境的变化,不断创新着生态文化以适应变化了的环境,形成了伟大中华民族生态文化的基因库,塑造出永不磨灭的生态精神。

至于如何给生态文化下定义,国内许多学者专家都认为生态文化是人与自然和谐相处的文化。笔者认为,生态文化不仅是人与自然和谐相处的文化,还应包括人与社会、人与人的和谐相处。因此,生态文化是指人类遵循生态系统规律,追求人与自然、人与社会、人与人和谐统一的精神内容、思想观念和价值体系、制度措施、生产生活方式、行为方式等一切活动和成果。

生态文化反映了生态文明的基本要求,是引领生态文明的先进文化,是建设生态文明的文化基础。人与自然、人与社会、人与人和谐相处不仅是生态文明的主要特征，也是生态文化的本质所在。传统文化中固有的"天人合一"的生态文化，为实现我国生态文明社会提供了坚实的哲学基础与思想源泉，在未来生态文明社会里，生态文化将是文化的主流。生态文化具有地域性和民族性，它的先进性不能在整个社会中体现，只有凝聚成生态文明形态，才表现出强大的生命力和时代特征。

（二）生态文明的概念

中国林业科学院首席科学家江泽慧认为：生态文明以可持续发展为重要标志，以建立生态文明社会为目标，按照以人为本、全面协调可持续的科学发展观、不侵害后代人生存发展权的道德观、人与自然和谐相处的价值观，改善生态环境，实现山川秀美，使人们在思想观念、科学教育、文学艺术、人文关怀诸方面都产生新的变化，在生产方式、消费方式、生活方式等各方面构建生态文明的社会形态。

原环境保护部部长周生贤认为：生态文明是人类在利用自然界的同时又主动保护自然界、积极改善和优化人与自然关系而取得的物质成果、精神成果和制度成果的总和。

中国科学院生态环境研究中心王如松研究员认为：生态文明是生态文化发育、进化的状态，是物质文明、精神文明与政治文明在自然生态与社会生态关系上的具体表现，是天人关系的文明，体现在人与环境关系的体制合理、决策科学、资源节约、环境友好、生活俭朴、行为自觉、公众参与和系统和谐，展现一种竞生、共生、再生、自生的生态风尚。

以上各位专家对生态文明的表述虽然不尽相同，但内涵却一致，都反映在完善人与自然、人与社会和人与人的生态关系上。

(三)生态文明与其他文明之间的关系

生态文明是人类文明发展的新阶段,是人类社会继工业文明之后出现的更复杂、更进步、更高级的人类文明形态。自从地球上诞生人类以来,历经了原始文明、农业文明、工业文明三个文明阶段,目前正处在从工业文明向生态文明过渡的时期。

生态文明是物质文明、精神文明、政治文明的外在表现形式。生态文明是一种文明形态,是物质文明、精神文明、政治文明的外在表现形式。在未来的生态文明时代,社会主义社会仍然由物质文明、精神文明、政治文明构成,但是支撑生态文明的是生态文化,相应的支撑物质文明的是生态经济文化,支撑精神文明的是生态精神文化,支撑政治文明的是生态政治文化。

物质文明是指人类物质生产方式和物质生活的进步与发展状态,它是人类改造自然的物质成果的总和,简言之就是人们日常生活中衣食住行的发展水平。生态文明时代的物质文明,就是物质生产和物质生活的生态化。具体说就是遵循生态规律,节约能源资源,发展可再生能源;转变增长方式,以生态产业推动循环经济;改变传统消费模式,建立绿色消费模式等生态经济文化支撑的文明。

精神文明是人们在改造客观世界的同时改造主观世界中获得的精神成果的总和,标示人类精神生产和精神生活的进步状态。生态文明时代的精神文明就是精神生产和精神生活的生态化,包括进步的生态思想、生态心理、生态道德以及体现人与自然界和谐的价值观等生态精神文化支撑的文明。

政治文明是指人类在改造客观世界和主观世界过程中创造和积累的所有积极的政治成果和与社会生产力发展需要相适应的政

治进步状态。生态文明时代的政治文明就是政治活动和政治生活的生态化,就是要遵循生态规律,以人为本,充分发扬民主,维护广大人民群众的根本利益等生态政治文化支撑的文明。

物质文明、精神文明、政治文明作为人类社会的文明结构,三者之间又存在着相辅相成、密不可分的内在联系。物质文明是精神文明、政治文明的物质基础;精神文明是物质文明和政治文明的精神动力;政治文明是物质文明和精神文明的制度保障。

(四)生态文明是人类社会发展的必然结果

自然生态系统的发育是一个定向而有序改变的过程,即一个生态系统类型替代另一个生态系统类型的过程。发育的最终阶段,就是建立一种稳定的生态系统或顶级稳定状态。生态系统具有的趋向于达到一种稳态或平衡态的特点,是靠一种自我调节过程来实现的。当生态系通过发育和调节达到最稳定的状态时,它能够自我调节和维持自己的正常功能,并能在很大程度上克服和消除外来的干扰,保持自身的稳定性。

人类生活在社会—经济—自然复合生态系统中,复合生态系统兼有自然和社会两方面的复杂属性。人类社会的发展就是人类遵循生态系统规律,发挥主观能动作用,不断改造复合生态系统,并使其由低级向高级发展。发展的最终阶段,就是建立一种顶级稳定状态。

但是,人类社会的发展不是一帆风顺的。人类在发挥主观能动作用的过程中,由于没有把握好度,向环境索取资源的速度超过了资源本身及其替代品的再生速度,结果导致资源短缺、生态破坏等环境问题。当人们自食恶果时,必然觉醒,重新审视人与自然的关系,从而引发了绿色革命,在全人类形成环境保护的思潮，这就是社会—经济—自然复合生态系统中的自我调节。人类的生产、生活必须遵循生态规律，才能维持系统的稳定和发展。所以说原始文明—农业文明—工业文明—生态文明，是人类文明发展的必然趋势，生态文明是人类社会发展的必然结果，是人类社会达到的顶级稳定形态。

探索丽江生态文明建设的途径[*]

杨桂芳

近年来,云南省丽江市深入贯彻党的十七大关于建设生态文明的要求,努力建设生态文明,取得了显著的成果,积累了许多经验。这里,笔者就进一步推进生态文明建设的途径作点分析探讨。

一、制定生态文明建设规划

生态文明建设是一项系统工程,应有明晰的发展思路和具体的规划,为生态文明建设提供制度保障。规划的制定应在政府主导下进行,通过规划,明确指导思想、工作目标和步骤、主要任务和基本内容、重点项目与示范基地建设,以及采取的主要措施。

二、实施全民生态教育

生态教育是生态文明建设的基石。生态教育的目的,就是引导公民正确认识生态系统的规律及其价值,正确认识人与自然的关系,提高人们的生态意识及生态素养;引导公民遵循生态道德

---

[*] 本文写于 2007 年。

准则，自觉养成生态文明的行为规范，在全社会形成爱护环境、保护环境的良好风尚。

（一）编印生态教育读本

根据丽江市生态文明建设发展规划，组织有关人员编写符合丽江市情的生态教育读本，做到生态教育有教材，为生态教育创造学习条件，提高生态教育效果。

（二）加强生态教育宣传力度

生态教育要充分利用广播、电视、网络、杂志、报纸等多种媒介，加强宣传，营造生态教育氛围。通过广泛宣传，引导公民了解环境保护与经济发展、社会进步的辩证关系，提高学习生态知识的自觉性和积极性。

（三）开展多种形式的生态教育活动

聘请知名专家学者为市各级各部门领导干部和企业负责人作生态教育专题讲座。通过讲座，可以使决策者从思想观念、决策过程、具体行动上都能从统筹兼顾的视角、可持续发展的思路来分析和解决当前丽江的环境问题，把握生态系统的规律性，富于科学性和创造性地开展生态文明建设。

把生态教育列入各级党校、大中小学校的教学计划，作为地方或校本课程。组织中小学根据教育部《中小学生环境教育专题大纲》要求，全面开设环境教育专题综合课程。高校要主动开设与生态教育相关的必修或选修课程，如丽江师专生命科学系，从2007年该系成立以来一直把"保护生物学"这门课程作为各专业必修课开设。该系教师主持申报的"生物多样性保护环境教育乡土教材建设研究"，获科研课题立项。此外，大中小学在各学科教学中应重视和渗透生态教育的内容。通过生态教育，积极创建一批绿色学校。

充分利用世界环境日、世界地球日、国际湿地日、植树节、爱鸟周等纪念活动，积极开展生态教育考察与参观活动，增强公民的参与意识。

生态教育与生态文明建设项目有机结合。如将生态教育与国家园林城市、全国文明城市、山水城市、卫生城市、环境保护模范城市等生态文明建设项目结合起来，通过在全社会传播生态理念、参与生态实践、开展生态体验、培养志愿者队伍等途径，扩大对公民生态教育的覆盖面和影响力。

（四）建设生态教育基地

在政府的引导下，重点将玉龙雪山、老君山等有条件的景区建设成为集生态教育、生态科普、生态旅游、生态保护、生态恢复示范等功能于一体的生态教育基地。

三、大力发展生态产业

随着科学技术的日益进步，生态产业的概念被广泛提及。生态产业是以生态学基本原理为指导，以生态系统中物质循环与能量转化的规律为依据，以自然—社会—经济生态系统的动态平衡为目标，以生物为劳动对象，以农业自然资源（土地资源、气候资源、水资源、生物资源）为劳动资料，以生物科学技术为劳动手段的经济部门。

丽江市大力发展生态产业，必须依托丰富的自然资源，主要包括以下几个方面：

（一）生态农业

生态农业是生态产业的基础核心。要实现农业和农村经济可持续发展，发展生态农业是最有效的途径。生态农业是指运用生态学原理，在环境与经济协调发展的思想指导下，应用现代科学技术建立起来的多层次、多功能的综合农业生产体系。

生态农业的实施主要是生态农业模式的构建和相应的技术体系的规范。丽江市是个典型的农业市，具有立体气候明显、生物多样性丰富、自然环境优良、高海拔冷凉气候等四大优势，在调整农业布局和种植业结构上缓冲性较大，发展生态农业条件得天独厚。如，积极推广农田间作、套作与轮作，农林复合系统，中药材立体种植，果蔬套作，茶果（茶林）结合，稻田养鱼，稻田养鸭，养殖＋沼气＋种植，农牧、农渔、牧渔等生态农业模式，生产优质、高产、高效、生态、安全的农产品，使生态农业的资源优势转化为现实的经济优势，实现农业可持续发展。

（二）观光农业

观光农业是生态农业与旅游业相结合的新型交叉产业。观光农业把农业和旅游业结合在一起，以优美的田园风光、纯朴的乡村风情吸引游客前来观赏、品尝、休闲、体验、健身、科考、购物、度假。农业和旅游业相互促进，提升了农业和旅游业的附加值。观光农业的发展需要农业和旅游业相关部门通力合作，系统规划，选定示范基地，通过"公司＋农户""龙头企业＋基地建设"和订单农业等多种经营方式，举办雪桃节、芒果节、油菜花节、马铃薯花节等，做到以点带面、"一乡一品"、健康有序发展。观光农业的崛起必将成为丽江生态产业发展新的增长点。

（三）生态旅游业

生态旅游是以自然景观为主要观光游览对象，以保护环境为前提，把环境教育和生态知识普及作为核心内容的旅游方式。生态旅游同传统旅游的本质区别在于生态旅游必须具有促进生态保护和旅游资源可持续利用的特点。发展生态旅游，不再是单纯地追求经济利益和对大自然的享受，更重要的是通过生态旅游，游人身临其境，感悟大自然，树立环保意识，促进生态文明建设。丽江市拥有丰富的生态旅游资源：典型的季风海洋性温冰川、茂密的高山亚高山森林植被、丰富的野生动植物群落、独特的高山丹霞地貌；神秘的高山冰蚀湖群遗迹、珍贵的高原湿地、充满智慧的生态文化等。丽江发展生态旅游业，应立足丰富的生态旅游资源，坚持环境保护优先，资源永续利用与经济协调发展有机结合的原则，对市内的生态旅游资源进行全面规划，优化配置，实现生态系统的良性循环和旅游产业的可持续发展，重点打好森林生态旅游、湿地生态旅游、乡村生态旅游这三张牌。

（四）生态工业

生态工业是指根据生态学与生态经济学原理，应用现代科学技术所建立和发展起来的一种多层次、多结构、多功能、变工业排泄物为原料、实现循环生产、集约经营管理的综合工业生产体系。

丽江的工业经济不发达，城乡环境工业污染较少，但由于生活水平提高和消费方式的改变，城乡生活垃圾和生活污水迅速增长。因此，丽江发展生态工业一方面要加大力度推进污水处理工程建设、垃圾处理工程建设、废品回收工程建设；加快低耗能、低排放产业的发展；大力倡导绿色消费，鼓励居民广泛采用节水节能技术和产品；对全市范围内主要道路、主要河道、农村村落、农居环境实施长效保洁管理，疏通河道，清理垃圾等，形成"以政府为主导、企业为主体、全社会共同推进的节能减排工作格局"。另一方面，要壮大绿色食品产业。从食品业发展趋势看，无污染、无公害的绿色食品将成为消费主流。丽江在螺旋藻、青刺果、魔芋等保健品开发，青梅等鲜果加工，大蒜、芸豆、核桃、板栗、竹笋、野生食用菌等干制品加工，山蕨菜、虹鳟鱼、牦牛肉等特色食品加工等方面已初具规模，开发潜力巨大。应在原有绿色食品产业的基础上，进一步挖掘资源，系统规划，真正实现综合开发、循环利用、持续发展。

丽江优美的自然环境是发展生态工业的优势，只要我们树立生态意识，掌握环保技术，健全和落实环保机制，就能推动丽江生态工业的大发展。

四、创建山水城市

山水城市的概念，最早是由我国科学家钱学森1990年7月31日在给清华大学教授吴良镛的信中提出的。他在信中说："我近年来一直在想一个问题：能不能把中国的山水诗词、中国古典园林建筑和中国的山水画融合在一起，创造'山水城市'概念？人离开自然又要返回自然。"后来，钱学森又多次强调，山水城市是把我国传统园林思想与整个城市建设结合起来，同整个城市的自然山水条件结合起来。要让每个市民生活在园林之中，而不是要市民去找园林绿地、风景名胜。

根据钱学森关于山水城市的概念，结合生态文明建设的内涵，笔者认为，生态城市是一个广义的概念，是人类开创生态文明进程中的一种全新的理念。各地创建的生态城市不应该是同一模式，千篇一律，应该因地制宜，各有特色。如森林城市、山水城市、健康城市、卫生城市、园林城市等，都是不同生态城市的具体类型。根据丽江的自然和文化特点，创建生态城市的类型应定位在山水城市上。山水城市并不是简单地指有山有水的城市，其核心精神是以人为本，创造人与自然、人与人、人与社会和谐相处的生存环境。

丽江创建山水城市具有以下四个方面的优势：一是丽江市总体属于横断山高原山谷地带，地质构造复杂，河川湖泊纵横，生物多样性丰富，融汇了山水城市中"山""水"的生态要素。二是丽江是"全球人居环境优秀城市""中国优秀旅游城市""中国十大优秀生态旅游景区""中国十佳绿色城市""省级园林城市"，这些殊荣为创建山水城市提供了基础保障。三是丽江古城是世界文化遗产，蕴含着巨大的文化魅力。"家家流水，户户垂柳""山中有城，城中有山，城山相融，山水一体"等生态景观，无一不闪烁着纳西族生态文化的奇光异彩，为丽江规划建设山水城市创造了一个得天独厚的丽江山水城市中心。四是山水城市不是一个封闭的系统，而是一个与周围相关区域紧密相连的开放系统。丽江古城周边的金山、七河、黄山、拉市等乡镇，田园风光优美。以古城为中心向周边放射状辐射发展，城市园林绿化与田园风光相得益彰，形成城乡一体化，"田在城中、城在田中"的山水城市已具雏形。

五、传承和创新生态文化

文化是人类的本质，是人类区别于动物的本质属性。从生态学的角度看，人类用文化来适应环境，也用文化来改造环境。生态文化是指人类遵循自然生态系统规律，追求人与自然和谐相处的一切活动和成果，包括环境保护的物质技术手段、制度措施、生产生活方式、思想观念和价值体系。

生态文化反映了生态文明的基本要求，是引领生态文明的先进文化，是建设生态文明的文化基础。人与自然和谐相处不仅是生态文明的主要特征，也是生态文化的本质所在。在未来生态文明社会里，生态文化将是文化的主流。

任何生态文化的形成，都有其特定的自然环境、历史渊源、地域特点和少数民族文化。丽江地处横断山脉三江并流区域，地形地貌复杂，历史悠久，民族文化多元发展。居住在丽江境内的各个民族，在长期的生产生活实践中，与自然和谐相处，在对自然环境的依赖、对生态规律的总结过程中，形成了一系列朴素的环境保护思想和观念。这种朴素的环境保护思想又进一步融入现实的生产生活，沉淀为各民族底蕴深厚的生态文化。丽江各民族生态文化是一种与高原特殊的自然环境相适应的文化，是从本土滋生的文化。

文化的生命在于创新，创新是文化发展的必由之路，也是中国先进文化具有强大感召力的灵魂之所在。随着时代的变迁、社会的进步，生态文化建设也必将不断创新和发展。我们要在丽江传统生态文化的基础上，开发出一些适合丽江市市情，又与时俱进的生态文化。保护和传承生态文化要在保持其原汁原味的情况下，有所创新，有所发展，让世人所知。如通过举办元宵节棒棒会、森林文化节、湿地文化节、竹文化节、雪桃文化节、菊花文化节、兰花文化节、花卉博览会、林特产品博览会、中国丽江拉市国际湿地旅游节、野生动植物保护成果展、生态摄影展等具有地方特色的节庆会展活动，向市民和游客传播各具特色的生态文化。只有把这些生态文化推广开来，深入到人们的意识形态，让追求人与自然和谐成为人们的自觉行动、行为准则，才能为人与自然和谐奠定坚实的思想基础，使生态文明深入人心，最大限度地调动全社会开展生态文明建设的积极性。

通过绿化建设提升丽江古城生态品位的思考

杨桂芳　和春

一、问题的提出

丽江古城是全世界第一个以"常民生活空间"为特点成为世界遗产的地域。作为具有较高综合价值和整体价值的中国历史文化名城，丽江古城集中体现了地方历史文化和民族风俗风情，体现了当时社会进步的本质特征。丽江古城是纳西族人民为自身生存而在自然环境的基础上建立起来的高度人工化环境，是一个人工形成的生态系统。在这个人工生态系统中，生活于其中的古城居民是系统的主体，由他们创造的建筑物、街道、水系、园林及其他物质设施，既是古城居民大部分活动的载体，又是纳西文化的具体体现。古城中的历史文物、建筑、供水系统、园林、民俗风情本身都是一种文化，都是人类创造的文化，代表纳西民族历史和时代的文化。从历史来看，这个人工生态系统历经了八百年风雨的洗礼，饱经沧桑，而每一阶段创造的文化，都有其与当时当地环境相适应的合理性和存在的价值意义。从空间结构看，流动的城镇空间、充满生命力的水系、风格统一的建筑群体、绿树成荫的居住环境以及独具风格的民族艺术内容等，为古城居民提供了一个社会生活、经济活动和生态环境不断保持动态平衡的空间环境，使其有别于其他历史文化名城。

随着时代的进步、社会经济的发展，当代人在传承、保护祖先为我们创造的世界文化遗产的同时，也应该思考我们要为后代子孙留下点什么，这就是文化创新的问题。纵观丽江古城绿化建设历史，我们不难发现人与自然和谐的生态观在古城内播撒得淋漓尽致，分布在古城街巷空间中的圆柏、滇朴、槐树、漆树、柽柳、紫薇等百年以上的古树就是历史的见证。古城居民在三眼井取水、洗菜、洗衣、聊天、刺绣、编织等生活场景，无不掩映在绿树婆娑之中，创造了独具特色的古城休闲文化，尽情演绎古城居民健康的生活方式、潇洒的生活态度。历史证明，在丽江古城建筑群中融入自然元素，除固定的水系和山体外，绿化是最佳选择，这种理念和行动一直延续着。当代丽江人又在古城内创造了沿河垂柳、木府园林、狮子山公园、玉河广场、白龙文化园等"点线面"绿化景观，不断创新和发展着古城人与自然和谐的生态文化。

课题组分春夏秋冬四季对古城绿化植物进行了全面的调查，调查内容包括古城绿化植物应用现状、古城绿化植物配植模式。同时对玉龙雪山景区、老君山景区、丽江古城周边环境、玉龙县部分乡村进行了野生观赏植物资源调查。课题组认真梳理研究成果，从多个层面、多个角度研究丽江古城的绿化建设问题，从文化的视角透视生态问题，从生态的视角透视文化问题，沿着从具体到抽象的思维路径，提出通过绿化建设提升丽江古城生态品位的思考。

二、通过绿化建设提升丽江古城生态品位的路径

首先，借助丽江古城绿化建设这个硬件载体，注重古城绿化植物多样性，在文化遗产中融入自然遗产元素，提高古城绿化生态功能，使文化遗产保护和自然遗产保护融为一体，从而创新遗产保护文化。

丽江同时拥有丽江古城世界文化遗产、"三江并流"世界自然遗产、东巴古籍世界记忆遗产，不是偶然，而是必然。这有赖于丽江独特的地理环境特征，并遵循环境多样性—生物多样性—民族多样性—文化多样性的生态规律。

"三江并流"区域特殊的地形和气候条件，使这一地区成为欧亚大陆生物物种的主要避难所和现代分化中心，被列为我国三大特有物种的分化中心，是全球生物多样性较为集中的十个地区之一，还是许多世界著名花卉植物类群的分布中心，使其享有"世界园艺之母"的美誉。植物多样性是丰富城市景观的基础，能充分反映出城市绿化的地方特色。丽江古城绿化建设要依托"三江并流"区植物多样性的资源优势，充分利用古城的地形和空间，根据植物的生物学特性和生态学特性，丰富古城绿化植物种类，实现古城绿化植物的多样性，提高古城绿化的生态功能，使文化遗产保护和自然遗产保护融为一体，从而创新遗产保护文化。

丽江古城空间是由建筑、街巷、水系、节点组成的复杂的综合系统，古城绿化要依据古城空间结构特征，按"点线面"设计绿化景观。"点格局"采用见缝插绿法，在空地种植山玉兰、桂花、十里香、云南樱花、冬樱花、国槐、蜡梅、滇朴等；在房屋拐角处种植木香花、粉红香水月季、棣棠花等；在民居院落内种植苏

铁、梅花、桂花、牡丹、芍药、菊花、常春藤、兰花等；院落内围墙下种植木香花、粉红香水月季、棣棠花、紫藤、常春藤、三角梅、素馨、金银花等，让其枝叶花伸出墙外于街道，实现"墙内开花墙外香"的景观效果。"面格局"中增加山玉兰、高山栲、五角枫、黄连木、茶花、云南樱花、冬樱花、火棘、木香花、粉红香水月季、棣棠花、棕榈的种植数量。"线格局"要根据地形、开花季节实现整体景观效应，在古城水网河岸，除原有的河岸垂柳景观外，增添河岸柽柳景观；在古城外的公路两侧种植滇楸、高山栲，营造乡土植物景观。

课题组对丽江宝贵的野生观赏植物资源进行了调查，共记录了 110 种野生观赏植物。对其中一些适应性强的野生观赏植物要通过人工引种驯化栽培技术的研发，逐步应用到古城绿化建设之中，例如银木荷、云南山梅花、高山桲木、头状四照花、灯笼吊钟花、金银木、报春花。

其中，头状四照花、灯笼吊钟花是夏季观花、秋季观果、冬季观叶的极佳树种，一般通过播种、扦插、嫁接等手段进行繁殖。为加快繁殖进程，可以从外地引进已开发并形成规模，且价格较低的同属植物，然后用本地树种的枝条进行嫁接。报春花、鸡肉参、象牙参等草本植物主要通过播种和组织培养快速繁殖。以上野生观赏植物要通过建立乡土植物繁育基地，抓紧时间进行繁殖，一旦投入到丽江古城绿化建设之中，将形成丽江古城世界文化遗产和世界自然遗产相得益彰的绿化景观特色，实现世界文化遗产丽江古城在生态品位上的又一升华。

其次，绿化植物的生态习性要与古城的气候相适应；绿化植物的形态特征要与古城的空间结构相适应；绿化植物的色彩要与古城建筑相适应；绿化植物种类选择要与古城的文化内涵相适应。所选树种不仅要考虑生长速度，还要考虑景观效果，从而营造独具特色的古城绿化景观。

丽江古城海拔约 2400 米，属低纬度高原季风气候，阳光充足，紫外线强。冬季干燥，风大，夏季凉爽，多雨。年温差小，日温差大，冬季最低气温 0℃左右，夏季最高气温 26℃左右。适合种植喜夏凉冬温气候的观赏植物，如山玉兰、柳树、滇朴、五角枫、桂花、滇楸、倒挂金钟、香水月季各色变种、迎春、紫罗兰、三色堇、报春、虎头兰、木香花、常春藤等。

在古城街巷网络空间较大的地方孤植或对植乔木；在水系河岸边列植乔木、灌木或用草本植物布置花坛；在屋顶和窗台群植藤本；在古城周边各绿化广场群植乔木、灌木、草本、藤本植物，从而充分利用光、空气、养分、水分等自然资源，构成一个有序、高效、稳定的群落，使有限的古城绿地产生最大的生态效益和景观效益。

古城建筑群内民居房舍错落有致，融汇了汉、白、藏等多个民族的建筑文化和技术精粹，并具纳西族独特风格。在变化莫测的多姿多彩的建筑空间中，按照色彩搭配原则配植绿化植物。如，民居白墙外种植云南樱花、桃花等开花红艳的植物，在色彩上红白相映；在古城沿河种植垂柳成功案例的基础上，根据垂柳株间的实际情况，插种或对植云南樱花，实现红色与绿色互补，使垂柳和云南樱花的姿态、色彩，所形成的倒影等，增强古城绿化景观的美感；在建筑之间的衔接处种植棣棠花和紫玉兰，实现黄色与紫色互补效应；在"家家流水"的河岸边沿种植鸢尾和金盏菊，实现蓝色和橙色互补效应。

东巴神话中的"含依巴达"神树——山玉兰，种植在东巴宫附近；纳西古乐会、普贤寺附近种植观音柳（柽柳）；在民居庭院内种植寓意富贵的玉兰、牡丹、芍药、迎春、桂花；在纳西族学者方国瑜故居、纳西族断臂书法家和志刚书斋、纳西族作家的沙蠡书斋、听水轩等文人名家的庭院内或大门旁种植梅、兰、竹、菊，尽展古城园林植物的文化内涵。

科学进行树种选择，将古城绿化设计为春花、夏绿、秋色、冬姿四个景观，让人们充分感受四季的变换，提高丽江古城观赏品位。春花——桃花、云南樱花、垂丝海棠、粉红香水月季、木香花、碧桃、棣棠花、十里香、山茶花、滇楸、紫藤等；夏绿——山玉兰、干香柏、圆柏、龙柏、国槐、滇朴、垂柳、常春藤等；秋色——桂花、银杏、五角枫、黄连木、滇杨、石楠、三角梅等；冬姿——梅花、蜡梅、冬樱花、火棘、头状四照花、迎春等。

最后，丽江古城的文化精髓是人与自然和谐，通过古城绿化建设展示人与自然和谐的文化景观；通过保护文化遗产来保护自然遗产，创新世界遗产保护模式，促进丽江旅游业可持续发展。

"三江并流"区域由于其特殊的地理位置和地质演化，造就了地质地貌多样性、景观多样性和生物多样性，成为民族文化多样性的物质基础和精神源泉。在纳西族古老的东巴文化、白族本主文化、藏族康巴文化等滇西北地区各民族的传统文化中，明确记载着人类要保护自然、善待自然、与自然和谐相处的传统思想观念，形成滇西北各民族完整的生态文化体系。

纳西族的生态文化涉及传统的生态观念、自然崇拜和信仰，包括"人与自然和谐相处"的生态自然观，"人与自然是兄弟"的生态哲学观，"崇拜自然，爱惜生命"的生态道德观。纳西族的历史，可以说是一部生态文化史，在漫长的岁月中，纳西族的传统文化，不仅哺育了纳西儿女，而且还深刻地影响了整个纳西文化区域，形成了天人和谐共处，顺应自然并合理利用自然的生态文化体系。纳西族与自然的关系是一种和谐的关系，是中华民族传统哲学理念和自然地理环境相结合的产物。正是由于这种相沿千年的民族文化传统和生态意识，在漫长的历史时期，丽江古城才显示了它旺盛的生命活力，才造就出家家流水、户户垂柳的古城街巷景观和庭院绿化美景，形成具有深厚文化底蕴的人与自然的和谐关系。

丽江古城的文化精髓是人与自然的和谐，借助丽江古城绿化建设这个硬件载体，在古城内传承和创新人与自然和谐的文化景观。在传承方面，弘扬丽江古城水文化、三眼井文化、园林植物文化等；在创新方面，将"三江并流"区域内的特色植物种植在一定区域，将世界自然遗产元素融入世界文化遗产之中，在展示文化遗产的同时，展示自然遗产。例如，在东大街古城入口处，对植灯笼吊钟花，即展示和宣传了自然遗产的特色植物，灯笼吊钟花与古城内悬挂的红灯笼交相辉映，创造极佳的景观效果。更重要的是将纳西族人与自然和谐的思想观念，通过文化遗产旅游的形式传播，潜移默化地提高广大市民和游客的遗产保护意识，并付诸保护世界遗产的实际行动，通过保护文化遗产来保护自然遗产，创新世界遗产保护模式，促进丽江旅游业可持续发展。

全域旅游背景下的花海经济与乡村旅游

杨桂芳　张云孙　李继红

2016年2月，国家旅游局正式启动全域旅游示范区创建工作。在创建过程中，许多创建单位充分发挥"旅游+农业"的综合功能，以发展乡村旅游为突破口，打造全域旅游示范区。乡村旅游发展模式多种多样，如花海模式、农家乐模式、采摘园模式、农业观光模式、民俗风情模式、村落乡镇模式、休闲度假模式等，或几种模式并存的综合发展模式。近年来，到乡村赏花增添了市民闲暇时间的生活情趣，并逐渐发展为新时尚。花海引来了"人海""车海"，花海经济直接把一个旅游新业态植入了一个区域，使其成为乡村旅游的新业态、新产品，同时五彩缤纷的花海景观为美丽乡村增添了新亮点。无论是旅游投资商还是农民专业合作社，营造花海的主要目的是引流，拉动产业发展，即以花海景观吸引游客前来观赏，从而带动花卉产品加工和销售、民宿、餐饮等行业发展。因此，花海经济是一、二、三产业融合发展的良好载体。

关于花海经济，现有研究从技术层面的花海景观设计较多，如罗志远（2016）《浅议花海景观的营造——以东川牯牛山旅游区游客中心花海景观设计为例》、邱发根等（2016）《利用野花组合营造花海景观的技术研究》、钟莹等（2015）《浅议花海植物景观的营造》、杨文伟（2016）《球宿根花海品种引种趋势》等。关于花海经济与乡村旅游关系方面的研究则较少，如潘伟等（2017）《盐碱地上绽奇葩——荷兰花海景区乡村旅游发展之路》等。

花海景观实现了生态和经济的双赢，是种植业与乡村旅游业深度融合的"美丽乡村综合经济体"。全国各地的花海景区大多是免门票的，符合全域旅游倡导的从门票经济向产业经济转变的理念。那么，花海项目的经济收入来自何方？单纯的花海项目存在功能单一、受季节限制、观赏周期短、管护成本高；同质化严重，投资回报低，甚至亏本；跨界产业融合不足，缺乏独创性及多元性等问题。针对这些问题，本文借鉴生态系统分类方法对花海进行分类，对花海景观的类型特征进行归纳，采用案例研究方法（以丽江为例），探讨全域旅游背景下的花海经济与乡村旅游的关系，以期最大限度地发挥花海的生态、经济、社会综合效益。

一、花海类型及特征

花海景观传统上是指由密集开花的草本或木本植物组成，常采用大面积种植方式，营造繁花似海的效果。随着发展的连续性，"花"的定义也越来越宽泛，比如具观赏价值的果序或者叶片。因此花海景观定义也随之有所扩增：观赏植物具观赏价值的部分大量集群式地在同一时间段内出现所营造出的景观。按花海形成的原动力和干扰状态可分为自然花海、人工花海和半自然花海三类。凡是未受人类干预和扶持，在一定空间和时间范围内，依靠生物和环境本身的自我调节能力来维持相对稳定的花海，均属自然花海，如森林花海、草原或草甸花海、湿地花海等；经过了人为干预，但仍保持了一定自然状态的花海为半自然花海，如林下花海、牧场花海等；按人类的需求建立起来，受人类活动强烈干预的花海为人工花海，如利用农田、人工林、大棚等创建的花海。

表 1　　　　　　　　　花海类型及特征

花海类型		举　例	花海特征
自然花海	森林花海	丽江老君山九十九龙潭等海拔 3800 米以上的高山冰蚀湖群周围，每年 4—6 月形成的杜鹃花海	地域性 多样性 稳定性
	草原或草甸花海	丽江老君山格拉丹景区每年 6—7 月形成的西南鸢尾花海	
	湿地花海	丽江玉龙县文海湿地每年 6—7 月形成的霞红灯台报春花海	
半自然花海	林下花海	涪陵大木花谷林下郁金香花海	依托性 复合性
	牧场花海	丽江玉龙雪山牦牛坪夏季形成的牧场花海	
人工花海	农田花海	丽江玉龙县太安乡夏秋季形成的马铃薯花海和秋油菜花海	规模性 可控性 文化性
	人工林花海	丽江玉龙县拉市镇海南村春季形成的丽江雪桃花海	
	大棚花海	丽江雪山玫瑰庄园种植的大棚玫瑰花海	

二、花海案例及分析

（一）丽江市玉龙县太安乡马铃薯、秋油菜花海

太安乡位于玉龙县西南部，距丽江古城27公里，全乡面积294.3平方公里，海拔在2550—3300米之间，农作物一年一熟，是一个典型的高寒山区贫困乡。乡内居住有纳西、普米、彝、汉、傈僳、白等多个少数民族。独特的地理和气候条件，使太安乡成为最适宜种植马铃薯的地方，马铃薯产业在此已有近百年的历史，种植面积常年保持在4万亩以上，占全年农作物播种面积的75%，被誉为"丽江市马铃薯之乡"。太安洋芋鸡火锅（当地人称马铃薯为洋芋）是丽江比较出名的餐饮品牌。近几年来为了提高农业附加值，太安乡发展农业观光旅游。除了大面积种植马铃薯外，还增加了秋油菜的种植，马铃薯、秋油菜大规模连片或成片种植五万余亩，每年6—7月是马铃薯的开花季节，7—8月是秋油菜的开花季节。每到夏秋季节，紫色的、白色的马铃薯花和金色的秋油菜花，色彩斑斓，竞相开放，在蓝天白云下交相辉映，构成了一幅美妙绝伦的田园风光，游人置身其间，犹如在画中行走，心旷神怡，在开花季节有大量游客前往观赏。由于不收门票，这项农业附加值的主要来源是以太安洋芋鸡为主的农家餐饮，但至今未形成产业，局限于少数村民在花海道路旁搭棚经营。农民经济收入的主要来源仍为种植业，靠出售马铃薯、油菜籽为主，有少量畜牧业和林副业收入，农民增收效果不明显，乡村旅游规划滞后，还未形成花海产业链。

（二）丽江市玉龙县白沙镇文海村球宿根花卉花海

文海村委会位于玉龙雪山主峰扇子陡西南麓，平均海拔3180

米，其中的文海湖，面积160公顷，秋冬季节为丰水期，有候鸟栖息。每年的4—11月，湖周围形成了广阔的草原，开满了各色的野花。其中，霞红灯台报春种群数量大，在6—7月花期形成湿地花海，是最有价值的自然花海景观。在紫红色的花海中，点缀着低头吃草的马牛羊和几群嬉戏的小鸭，静谧如仙境。自然山林为针阔叶混交林，是重要的生态安全屏障。全村现有8个村民小组284户，总人口968人，主要居住民族是纳西族和彝族。因其独特的地理位置及气候限制了农作物的生产，主要靠畜牧养殖作为基本收入，农民人均纯收入不足2000元，属于贫困村。

北京西诺花卉股份有限公司历经三年的考察和调研，发现文海流域一年中最高温26℃，最低温–5℃，为最佳球宿根花卉繁育气候条件。更由于高原气候昼夜温差大，球宿根花卉在强紫外线照射下生长、在温度适宜的环境下开放，所以该区域的观花期比普通区域长出近一倍时间。而且冬季无冻土层，温度下降缓慢能够充分为球宿根回流积累更多的养分，为在文海研繁国产化的种球、种苗提供了可能性。于是，2016年1月，该公司成立了丽江西诺花卉有限公司，通过招商引资，公司入驻文海村。目前公司已经租用农民土地1400亩，完成基础设施和花田建设投资7000多万元。采用规模化种植的方式，种植观赏价值极高的球宿根花卉（郁金香、风信子、百合、绣球等），早中晚花期品种组合，营造花海景观。公司主要依靠花卉销售业获得盈利，村民依靠出租土地、参与花卉种植获得收入。花海景观吸引大量本地市民和外地游客前来观赏，利用花海的引流效应带动村民利用民宿、农家乐等发展乡村旅游。五一小长假期间，文海村每天接待游客近万人，农家乐每天有上万元收入。文海村民亦可获得西诺公司支付的土地租金、劳务费等,这带动文海村委会的贫困户走上脱贫之路。玉龙县已把文海作为特色小镇创建——文海花田小镇,构建政府指导,村民参与、企业运营的发展模式,全力打造全域旅游示范区。

(三)丽江市永胜县三川镇翠湖村荷花花海

丽江市永胜县三川镇(俗称三川坝),距永胜县城20公里,丽江古城70公里,辖19个村民委员会140个村民小组。在方圆几公里范围内集中了湖泊、河流、沼泽等自然景观,周边是数万亩稻田构成的田园风光,既有高原湿地风貌又有江南水乡韵味。莲藕是三川镇的主要农作物之一,种植历史悠久,莲藕产业是这里的一项传统优势产业,在全镇的经济社会发展中占有重要的地位。近年来,三川镇大力发展农业观光旅游业,对莲藕产业进行了升级打造。在翠湖村引进了观赏性荷花进行示范种植,打造万亩荷花花海景观。翠湖村委会现有5个村民小组960户,总人口3955人,2015年人均纯收入8800元。翠湖龙潭(又名九龙潭)位于翠湖村委会东山脚,是中泥河的发源地,下游湿地八千多亩,是数十种野生鸟类的栖息地,也是重要的商品鱼养殖基地。湿地盛产莲藕、席笋、芦苇、鲤鱼、泥鳅、虾、鳝等,其中六千余亩为连片荷塘。每年6—8月,传统荷花的白色花朵与各色观赏荷花竞相开放,形成了一片荷花花海。花海效应引来各方游人,带动了喝荷叶茶、吃油炸嫩荷叶、鸡蛋荷花卷、莲藕炖猪蹄、席笋煮鳝鱼等农家乐餐饮业。采荷花、剥莲子、捕鱼虾为其主要的游客体验项目。品农家美食、住田园客栈、忆边屯文化,基本具备了吃、住、娱、购一条龙服务功能,延伸了花海产业链,有力推动了美丽乡村建设和乡村旅游发展。

表2　　　　太安乡、文海村、翠湖村花海经济比较

花海名称	花海功能	开花时期	运作模式	产业关联效应	存在问题	
					不同	共同
玉龙县太安乡马铃薯、秋油菜花海（人工）	生产+观光	6—8月	市场+基地+农户	弱	观赏周期短	旅游基础设施和公共服务配套设施发展相对滞后
玉龙县文海村	湿地花海（自然）生态+观光	6—7月	湿地公园	较强	管护成本高、投资回报低	
	球宿根花海（人工）生产+观光	3—11月	公司+基地+农户			
永胜县三川镇翠湖村荷花花海（人工）	生产+观光	6—8月	协会+大户+农户	较强	观赏周期短	

三、延伸花海产业链发展乡村旅游的对策建议

（一）以全域旅游规划作为乡村旅游顶层设计

由丽江各级政府组织开展乡村地理、地质、生态、环境、生物、农业、林业、水利、交通、环保、民族、文化等多领域多要素的科学考察与调查，采集、收集基础资源，摸清自然本底和文化本底，整合各种资源为乡村旅游的多元化发展提供支撑。发展全域旅游，仅仅依靠旅游部门是无法完成的，需要多个职能部门规划之间的衔接、协调和深度融合，实现设施、要素、功能在空间上的合理布局和优化配置。因此要科学编制全域旅游发展规划，以全域旅游规划作为乡村旅游顶层设计，引导实现"多规合一"，发挥规划在发展乡村旅游中的战略引领和刚性约束作用。

（二）依托传统农业资源优势选择农田花海植物种类

农业是人类栽培和充分利用植物的生产过程，没有植物也

就没有农业。传统农业是当时当地与自然环境和社会环境相适应的农业发展模式,有存在的价值和合理性,其丰富的实践经验可为乡村花海经济的发展提供借鉴。营造农田花海的植物种类选择、面积及其配置方式所表现出来的形态,既要依托传统农业资源优势,又要具备突出的美学特征,才能吸引人们的眼球,成为大众向往的旅游目的地。按照"传统农业+美学特征"原则选择的农田花海植物种类具有适应性、乡土性、地域性、经济性、多样性、观赏性等特征。上述太安乡、翠湖村花海景观除了充分表现出这个特征外,还由于自然环境条件的不同表现出差异性特征,避免了花海景观的同质化、千景一面、千村一面的现象。

(三)发展林果花卉补充观赏季

农田花海景观具有生产+观光功能,能提高农业附加值,缺点是受季节限制、观赏周期短,使得花海的拉动作用大打折扣。玉龙县太安乡马铃薯、秋油菜花海,永胜县三川镇翠湖村荷花花海集中在6—8月的夏秋季,观赏效果盛极一时。如何补齐季节短板?其一,丽江农村广泛存在"房前栽花,屋后种树"的习俗,树大多为桃、梅、李、杏、苹果、海棠、梨、樱桃等果树,均在春季开花,但种植数量少,呈零星分布,没有形成"海"的效果。只要政府引领,农户响应,科技指导,能人带动,通过察看地形,简单规划,群策群力,在短期内就可在村庄营造人工林花海,补齐赏花季过于集中的短板。规模不能与农田花海相比,但这些林果花卉随地形起伏、民居院落、田园风光、乡土人情等错落有致,别具风韵,同样能引发"人海""车海"。其二,逐年增加多年生球宿根花卉和观花乔灌木来实现花海景观的持续性。

（四）人工繁育野生花卉，营造多元性花海景观

丽江典型的立体气候使域内分布有明显的植物垂直带谱，共有九个植被类型，结构完整，功能良好。多层次的森林结构中镶嵌有观赏价值极高的杜鹃花灌丛和五花草甸，许多村庄周围都存在这样极具地域特色的植被景观。历史上由于毁林开荒等人为破坏，造成景观破碎化，森林中出现多处裸地。结合植被恢复工程，木本观赏植物通过扦插等无性繁殖技术育苗，种植回原生地；草本野花就地采集成熟种子，播种于适宜生境中，扩大种群数量和分布范围，不仅能将退化植被恢复成结构合理、功能完善的生态系统，还能营造多元性花海景观。野生花卉每平方米的造价，只是园里人工种植时令花卉的二十分之一，花卉所需的水分、养料基本不靠人工。只有将花海与当地乡土观赏植物相结合，突显花海的地域特色，才能促进花海经济的可持续发展。

（五）提升花海文化品位，提高旅游产品竞争力

农业生产虽然是一种经济活动，但其中却蕴含着丰富的文化内涵。色彩绚丽的花海景观不仅给予观者超强视觉冲击力和嗅觉感知力，同时也是传统文化的载体。在漫长的历史发展过程中，人们欣赏花，不仅欣赏花形态的自然美，而且对花不断地产生情感和精神上的寄托，不断地融进文化与生活的内容，在对花的认识、欣赏、利用、培育、保护的历史过程中创造出一种与花卉相关的文化现象和以花卉为中心的文化体系，这就是中国花文化。随着花海经济的不断发展，创办油菜花节、杜鹃花节、郁金香节、百合花节、荷花节等弘扬花文化的地方性节庆活动，能够积攒人

气,产生轰动效应,是乡村休闲旅游的重要组成部分,能够提高乡村旅游产品竞争力。

(六)延伸花海产业链,建设功能完整的旅游目的地

花海积聚了人气,如何转化成经济效益,需要产业融合,连接多元化的盈利点,延伸花海产业链。实行政府引导,村民参与,推行"公司+基地+农户"的产业化生产经营模式,在充分尊重当地村民和政府意见的前提下,实现共赢。观光型产品功能单一,休闲度假型产品关联度高,将"花"要素融入吃、住、行、游、购、娱旅游六要素中协调发展。农家餐饮要挖掘具有当地特色的"食花文化",如油菜花、大白杜鹃、牡丹花、荷花、玫瑰花、石榴花、棠梨花、金雀花、菊花,或凉拌或煎炒或炖煮,既有花的清香又有保健和药用价值,充分体现当地饮食文化的吸引力。农家客栈是因地制宜的生态住宿,在客栈院落内种植具有地域特色的乡土观赏花卉,将农田花海植物延伸至客栈四周,大多数游客都无法抗拒这种生态美的诱惑而入住农家客栈。公路两侧和乡间步道充分利用本地丰富的生物物种,优先考虑乡土花卉,形成一条特征鲜明、四季皆景的道路绿化景观带。花事体验向人们呈现出一种朴素的民间生活,体会采摘、耕耘、加工特色花卉产品、做农活的乐趣。旅游特产购物可以是鲜切花、盆花、干花、花艺产品、鲜花饼等,或通过"互联网+花卉"来销售产品。"娱"要素可以开发以花为主题的民族歌舞互动、花海婚纱摄影、花海浪漫求婚等,是互动性和感召力较强的乡村娱乐项目。对游客而言,观赏花、品尝花、购买花、体验花、行花间、住花屋,心甘情愿为花消费。对农民而言,在实现花海经济、增加收入的同时,也建设了宜居宜业宜游的美好家园。

综上，全域旅游是通过旅游业这个优势产业的关联带动作用，促进经济社会全面协调发展的理念和模式，是贯彻创新、协调、绿色、开放、共享五大发展理念的重要途径。在以花海经济为主的乡村旅游开发中，要按照全域旅游理念，发挥花海经济的产业带动作用，实现品种单一化向品种多样化发展；观赏季短向延长观赏季发展；视觉冲击向文化内涵发展；公司独立经营向协同合作发展；花海景观向花海景区发展。

绿色基础设施助推全域旅游发展的绿道设计策略

杨桂芳　李抒捷　张云孙

当前，全球正经历着有史以来最迅猛的城市化进程，城市空间的扩张，使其赖以生存的生态环境空间越来越小（如森林、湿地、农田等），与此同时，环境污染、物种灭绝、资源短缺等生态危机日趋严重，环境和资源问题对实现全球可持续发展的约束日益凸显。在这样的背景下，各国都在积极追求绿色发展、循环发展、低碳发展，"绿色"逐渐成为世界发展的潮流和趋势，于是，绿色基础设施（Green Infrastructure，简称 GI）应运而生。1999 年，美国关于绿色基础设施的定义是：GI 是国家的自然生命支持系统（nation's natural life support system），一个由水道、湿地、森林、野生动物栖息地和其他自然区域，绿道、公园和其他保护区域，农场、牧场和林地，以及维系天然物种、维护空气和水资源并对美国人民和生活质量有所贡献的荒野及其他开敞空间所组成的互通网络。分析该定义，绿色基础设施定义具有"一系统、二环境"的特点。所谓"一系统"，即 GI 是国家的自然生命支持系统，系统并不孤立，而是具有内部连接性的互通网络，以消除或减轻孤岛效应。所谓"二环境",即水道、湿地、森林、野生动物生境、荒野等自然环境;绿道、公园、农场、牧场和林地等人工环境。目的是通过绿色基础设施的规划建设,改善人类活动对生态系统服务功能的影响。

20年来,GI在欧美国家的不断研究与实践,在服务功能、技术途径、政府参与等方面取得了大量成果,并不断拓展和深化。GI的研究已不仅局限于城市,已转至乡村、流域、公路、荒地等更丰富的景观环境。我国与国外在城乡二元结构、土地所有制、体制机制、政策法规等方面差异较大,目前应结合国内经济社会发展现状和国家发展战略,借鉴国外经验,寻求GI概念共同点,充分发挥生态系统的服务功能。

一、我国新阶段旅游发展战略的再定位——全域旅游

(一)全域旅游的概念

2016年1月29日,在海口召开的全国旅游工作会议上,时任国家旅游局局长李金早提出:必须转变旅游发展思路,变革旅游发展模式,创新旅游发展战略,加快旅游发展阶段演进,推动我国旅游从景点旅游向全域旅游转变,自此拉开了中国全域旅游发展的序幕。同年2月,国家旅游局正式启动"全域旅游示范区"创建工作,公布首批262家"国家全域旅游示范区"创建名单,丽江名列其中。2017年3月,国务院总理李克强在第十二届全国人民代表大会第五次会议政府工作报告中明确提出,要"完善旅游设施和服务,大力发展乡村、休闲、全域旅游"。随着"全域旅游"写入政府工作报告,"全域旅游"已被

定位为国家战略。

李金早在 2016 年 3 月 4 日《人民日报》上发表的《全域旅游的价值和途径》一文中指出："全域旅游是指在一定区域内，以旅游业为优势产业，通过对区域内经济社会资源尤其是旅游资源、相关产业、生态环境、公共服务、体制机制、政策法规、文明素质等进行全方位、系统化的优化提升，实现区域资源有机整合、产业融合发展、社会共建共享，以旅游业带动和促进经济社会协调发展的一种新的区域协调发展理念和模式。"发展全域旅游是我国新阶段旅游发展战略的再定位，是经济社会发展到一定阶段的必然要求，既是一次深刻的产业变革，也是贯彻落实创新、协调、绿色、开放、共享五大发展理念的生动实践。2017 年 6 月，国家旅游局正式发布《全域旅游示范区创建工作导则》。

（二）《全域旅游示范区创建工作导则》中的 GI 元素

GI 是一种将开放空间、土地利用、绿色发展、绿色基础设施规划、环境保护等一系列理念融入生态保护的方法。从表 1 可以看出，《全域旅游示范区创建工作导则》尽管没有出现"绿色基础设施"词汇，但这八个方面无不渗透着"绿色基础设施"的理念，因此，把 GI 贯穿融入我国全域旅游示范区创建工作，形成一个相互联系的绿色空间网络，能够助推全域旅游发展。

目前，从空间布局上看全域旅游由点到线，由线到面，得到广泛实践。在"线"层面，要特别重视道路景观带的绿化建设，科学而艺术地优化道路两侧植物景观结构，全域贯通打造特征鲜明、四季皆景的道路绿化景观带。下面以丽江为例，对此问题进行阐述。

表 1　《全域旅游示范区创建工作导则》中的 GI 元素

突出绿色发展	树立"绿水青山就是金山银山"的理念，守住生态底线，合理有序开发，防止破坏环境，杜绝竭泽而渔，摒弃运动式盲目开发，实现经济、社会、生态效益共同提升，开辟全域旅游发展新境界
旅游发展全域化	推进全域统筹规划、全域合理布局、全域整体营销、全域服务提升，构建良好自然生态环境、亲善人文社会环境、放心旅游消费环境，实现全域宜居宜业宜游和全域接待海内外游客，成为目的地建设的典范
做好全域旅游顶层设计	将旅游发展作为重要内容纳入经济社会发展、城乡建设、土地利用、基础设施建设和生态环境保护等相关规划中。由所在地人民政府编制旅游发展规划，同时依法开展规划环评。在实施"多规合一"中充分体现旅游主体功能区建设的要求
坚持融合发展	"旅游+农业、林业和水利"。大力发展观光农业、休闲农业和现代农业庄园，鼓励发展田园艺术景观、阳台农艺等创意农业和具备旅游功能的定制农业、会展农业、众筹农业、家庭农场、家庭牧场等新型农业业态。因地制宜建设森林公园、湿地公园、沙漠公园，鼓励发展"森林人家""森林小镇"。鼓励水利设施建设融入旅游元素和标准，充分依托水域和水利工程，开发观光、游憩、休闲度假等水利旅游
提升旅游产品品质	深入挖掘历史文化、地域特色文化、民族民俗文化、传统农耕文化等，提升旅游产品文化含量。积极利用新能源、新材料、现代信息和新科技装备，提高旅游产品的科技含量。大力推广使用资源循环利用、生态修复、无害化处理等生态技术，加强环境综合治理，提高旅游开发的生态含量
加强资源环境生态保护	强化对自然生态系统、生物多样性、田园风光、传统村落、历史文化和民族文化等保护，保持生态系统完整性、生物多样性、环境质量优良性、传统村镇原有肌理和建筑元素。注重文化挖掘和传承，构筑具有特色的城乡建筑风格。倡导绿色旅游消费，实施旅游能效提升计划，降低资源消耗，推广节水节能产品、技术和新能源燃料的使用，推进节水节能型景区、酒店和旅游村镇建设

续表

推进全域环境整治	开展主要旅游线路沿线风貌集中整治，在路边、水边、山边等区域开展洁化、绿化、美化行动，在重点旅游村镇实行"改厨、改厕、改客房、整理院落"和垃圾污水无害化、生态化处理，全面优化旅游环境
评估管理	对已命名的示范区适时组织复核，对于复核不达标或发生重大旅游违法案件、重大旅游生产安全责任事故、严重不文明旅游现象、严重破坏生态环境行为的示范区，视情况予以警告或撤销

资料来源：根据《全域旅游示范区创建工作导则》整理。

二、绿道的丽江智慧

（一）丽江市概况

丽江市位于云南省西北部，属长江上游金沙江上中游，地处青藏高原和云贵高原的连接部位，跨横断山峡谷和滇西高原两个地貌单元，属低纬度的内陆高原山区。地理坐标为东经99°23′—101°31′、北纬25°59′—27°56′。全市地势西北高东南低，最高海拔为玉龙雪山主峰扇子陡5596米，最低海拔为华坪县石龙坝塘坝河口1015米，海拔高差4581米。丽江复杂多样的地貌，明显的海拔高差，典型的立体气候特征，形成了境内气候区域差异和一个地方的垂直气候特点，使全市兼具亚热带、温带和寒带三种气候类型。丽江市得天独厚的自然地理与气候条件，使这里成为中国特有物种起源和分化的中心之一、北半球生态系统最具代表性的地区之一、我国生物多样性最富集的地区之一。丽江市地带性植被为北亚热带常绿阔叶林，但由于海拔高差大，同一地带不同海拔气候有天壤之别，呈现出明显的垂直地带性分布规律。

丽江市现有纳西、彝、傈僳、白、普米等22个少数民族，其中有12个世居少数民族。各民族在长期的生产生活实践中与自然和谐相处，在对生态环境的依赖、对生态规律的总结过程中，形成了一系列朴素的生态保护思想和观念。每个民族的生产生活方式，都蕴含着富有环境保护理念的习俗、禁忌和生态智慧，都有较为完整的生态伦理观和道德规范。在绿道设计和建设方面同样如此，走出了一条人与自然和谐相处的道路。

（二）丽江古城绿道——家家流水，户户垂柳

丽江古城是纳西族人民为自身的生存和发展，在自然环境的基础上建立起来的城镇系统。从空间结构看，整个古城为居民提供了一个生态、社会、经济协调发展的空间环境。古城内新鲜的空气、长流的活水、苍翠的青山、生生不息的动植物等绿色基础设施，从本质上讲是古城居民能持续地获得自然生态系统服务的基础。点缀于丽江古城里幽静的庭院风景、充满历史沧桑的古树名木、"家家流水，户户垂柳"、"山中有城，城中有山，城山相融，山水一体"等生态景观，无不闪烁着纳西族生态智慧的奇光异彩。沿河垂柳是集生态、护堤、观光、休闲功能为一体的特色绿道，它以潇洒优美的姿态，根植于这片令人向往的土地，并默默守候着古城建筑、古城水系，令古城景观独具姿色，景色宜人。

（三）"长江第一湾"绿道——江边柳林

金沙江由北向南流至丽江市玉龙县石鼓镇时，突然以一百多度的急转弯，冲开崇山峻岭的重重阻拦，掉头北上又东去，形成著名的"万里长江第一湾"。长江之水从雪山一路奔腾而来，所到之处，滋养万物，物华天宝，人杰地灵。周围群山环抱，江流平缓、沙岸宽广，蜿蜒的柳林从这里一直延伸到玉龙县巨甸镇。由

于柳树盘根错节，与江岸的土体形成一体，犹如一道绿色的生态屏障，抵御江水的冲刷。这片柳林是清光绪年间当地农民为防止金沙江洪水灾害而种植。到民国，柳树成林，扩大了固沙淤泥面积，农民就在此开垦种田，扩大耕地面积。石鼓镇和巨甸镇人民在长期与金沙江互动的关系中，不仅创造了田园文化，也创造了宝贵的防洪护堤的柳林文化，两镇居民都有在金少江畔种植柳树的传统习俗。柳林不仅是流域绿色基础设施，还是全域旅游的"线"层面的绿道景观。这些自然的、乡土的生态景观与两镇的历史文化一起构成了一方的传统乡土园林环境，有着与城市园林不同的自身特色和生态文化内涵。

三、全域旅游视域下的丽江绿道设计策略

（一）绿道设计原则

绿道（Greenway）通常定义为线形绿色开敞空间，主要依托河滨、溪谷、山脊、景观道路等自然和人工廊道，连接自然保护区、风景名胜区、国家公园、森林公园、地质公园、游憩场所、历史古迹和城乡居住区等自然与人文景观节点，集生态服务、生物栖息、旅游观光、休闲度假等为一体的廊道系统。"围景建区、设门收票"的传统景点旅游模式，已经无法满足人们多样化的旅游需求，发展全域旅游，就是要改变这种景点（景区）内外"两重天"的格局，将一个区域整体作为功能完整的旅游目的地来建设、运作，实现景点（景区）内外一体化发展。绿道是实现景点（景区）内外一体化的绿色基础设施之一，山、水、河、田、路、城镇、村庄等节点，通过绿道建设连通一体，为发展全域旅游奠定"线"层面的绿色基础。丽江市绿道设计应包括以下原则：

（1）生态性原则。充分利用现有地形、植被、水系等地域性自然环境特征，运用生态学原理和技术，按照生态系统的空间结构和水平结构特点和群落演替规律，以乡土观赏植物为绿道主要构成单元，进行"乔、灌、草、藤""高、中、低"合理搭配，使构成绿道的植物相互依存、相互制约。充分利用土壤、阳光、空气、水分等自然资源，构成一个有序、高效、稳定的生态系统，长期保持动态平衡，发挥绿道作为生态廊道的作用，使有限的空间发挥最大的生态效益和景观效益。

（2）地域性原则。按照"一体两翼、一江一路"的旅游发展空间结构，通过绿道建设串联丽江古城（5A）、玉龙雪山（5A）、黑龙潭公园（4A）、束河古镇（4A）、玉水寨（4A）、东巴谷（4A）、白沙壁画（3A）、东巴万神园（3A）、文笔山（3A）、玉柱擎天（2A）、玉峰寺（2A）、东巴王国（2A）、拉市海（2A）、北岳庙（A）、姊妹湖、玉龙新县城等"一体"；老君山九十九龙潭（4A）、黎明景区（4A）、泸沽湖（4A）、石鼓红色旅游小镇、永胜程海为重点的"两翼"；虎跳峡（2A）、三股水、巨甸旅游经济带为重点的金沙江风光旅游和华丽高速公路沿线休闲旅游的"一江一路"，充分利用公路、村道特有的自然及人文景观，使绿道与周围环境相协调，发掘并展示丽江市最具代表性的特色资源，营造出具有地域特色的空间环境，建设一体化绿道网络，助推全域旅游发展。

（3）多样性原则。生物多样性、景观多样性对丽江当地经济社会发展和区域生态功能稳定发挥着极其重要的作用，也为绿道建设提供了适应区域和应对全球环境变化的诸多机会。通过绿道建设不但将各景区景点连通，还能串联起破碎化的生态斑块和生态廊道，为野生动物提供栖息地和迁徙廊道，从而保护生物的多样性。绿道建设要利用好生物多样性,展现不同的目标和主题,一方面发挥绿道的生态服务功能,另一方面适应不同消费层次人群的需求。

(4)社会性原则。党的十八届五中全会提出了共享发展理念,发展为了人民、发展依靠人民、发展成果由人民共享,丽江市有很多地区特别是广大农村地区旅游资源极其丰富,但经济发展较为落后。绿道建设是一项惠民工程,可以为这些地区提供发展乡村旅游的交通条件,绿道也成为美丽乡村建设的重要内容。绿道可以为人们提供更多贴近自然的场所,倡导公共参与、公共建设和公共管理,有利于形成宜居、宜业、宜游的生态空间。

(5)经济性原则。绿道选线应优先考虑山体、河流、田园等自然要素,尽量以地带性植物群落、水体、土壤等为依托,在破碎化斑块中补植原群落中的观赏植物,巧妙设计成错落有致的生态景观,既保留了原始风貌,又节约了成本,还有利于管护。以乡土植物为主进行绿化,具有低成本、易管理、易繁殖、周期短、见效快等优势。应合理利用具有优良性价比的、体现绿色、节能、低碳要求的新技术、新材料、新设备。

(二)绿道设计策略

GI系统不同于传统的保护方式,它与保护、规划、实施与土地发展和增长管理模式相呼应。丽江市绿道建设首先要由丽江市委市政府组织相关部门编制《丽江市绿道网总体规划纲要》《丽江市绿道规划设计技术指引》等,实现设施、要素、功能在空间上的合理布局和优化配置,并把做好规划、审批规划、实施规划、管好规划确立为各相关部门的重要职责。规划一旦确定,就应当严格按照规划实施,切实维护规划的严肃性和连续性。本文绿道设计策略旨在为编制《规划》提供决策参考，绿道长度、控制宽度等要素以《规划》为准，就不在此讨论。

（1）绿道选线及串联主要节点。全域旅游背景下的绿道设计选线及串联主要节点，要融入《全域旅游示范区创建工作导则》中的 GI 元素，开展主要旅游线路沿线风貌集中整治，在路边、水边、山边等区域开展洁化、绿化、美化行动。（见表2）

表2 丽江绿道类型、选线、功能及串联主要节点

类型	绿道选线	功能	串联主要节点
生态型绿道	沿城镇外围的公路、自然河流、溪谷及山脊线建设	改善丽江市生态环境；为动植物提供栖息和迁徙条件；营造植物景观，吸引游客进入各旅游景区景点	玉龙雪山、玉水寨、玉峰寺、东巴谷、东巴万神园、东巴王国、虎跳峡、石鼓镇、巨甸镇、老君山九十九龙潭、泸沽湖、永胜程海、华坪芒果小镇等
郊野型绿道	依托城镇建成区周边的开敞绿地、村道、山脊、水体和田野建设	为人们提供亲近大自然、感受乡村气息，田园风光、传统村落、民俗文化等休闲度假空间，实现人与自然的和谐共处	拉市海、三股水、黎明景区、白沙壁画、玉柱擎天、姊妹湖、北岳庙、文笔山等
城镇型绿道	在城镇建成区内，依托人文景区、公园、广场和城镇道路两侧的绿地而建立	为市民提供休闲、慢跑、散步等活动，为游客提供观光、休闲度假等场所	丽江古城、黑龙潭公园、束河古镇、玉龙新县城等

（2）通过郊野型绿道建设，推动未成熟景点快速健康发展。绿色基础设施空间组织的核心是保障系统的连通性，通过将区域内

各景观要素进行网络化连接，形成多尺度连接的绿色空间体系，一方面减轻孤岛效应保障生态安全，另一方面依靠绿道景观的吸引力，能够提升旅游景点的可进入性，更能推动未成熟景点（景区）快速健康发展。目前，丽江市玉龙县黎明景区、格拉丹景区、太安乡观光农业景区、文海花田小镇、永胜县三川镇观光农业景区等，由于交通、服务设施、功能单一等制约因素，人气不旺，通过旅游业带来的经济发展效果不明显。要改变这一现状，破解制约因素是上策，但需要投入大量资金。在资金不到位的情况下，绿道建设是条捷径，因为郊野型绿道以地带性植被为基础，成本较低，通过补植原群落中的观赏植物，按照四季皆景的理念进行规划设计，在短期内就可在山脊、村道营造具有地域特色、乡野气息浓郁的绿道景观。只要有了人气，通过旅游业这个优势产业的关联带动作用，能够促进社区经济社会全面协调发展。（见表3）

表3　　　　丽江未成熟景区郊野型绿道建设策略一览

名称	景观特色	郊野型绿道
玉龙县黎明景区	高山丹霞地貌、傈僳族风情	功能：生态服务、吸引游客进入景区 产业延伸：开发黎明乡休闲度假、以傈僳族风情为主题的实景演出等旅游产品 绿道设计：在原有植被的基础上，充分利用地形和空间，按照乡土观赏植物的生态习性进行生态修复，对绿道景观效果进行整体改造提升。以大白花杜鹃、野蔷薇、野樱桃、金合欢等野生观赏植物，以桃、梅、李、杏等传统果树营造春夏季观花植物景观；以丽江槭、五裂槭、青榨槭、圆叶杨、黄连木等秋季彩叶树种，以头状四照花、五味子、石楠等乡土观果植物营造秋冬季观叶、观果植物景观，形成一条四季常绿、三季有花、冬季有果的黎明河谷绿道景观带

续表

名称	景观特色	郊野型绿道
玉龙县格拉丹景区	亚高山草甸、杜鹃花灌丛、落叶阔叶林、彝族风情	功能：生态服务、吸引游客进入景区 产业延伸：开发格拉丹上村森林人家、农家乐、乡村民宿、彝族风情等旅游产品 绿道设计：落叶阔叶林是格拉丹景区沿途山道所见到的具有较高观赏价值的植被类型，在秋季呈现出以绿、黄、红层林尽染的绚丽风景，但有部分地段存在采伐迹地。可以通过扦插繁殖林中的槭树科、桦木科、杨柳科等原生态彩叶植物，在短期内就可成苗补植修复生态系统。在景区游览步道利用原生地观赏植物进行绿化，强化自然景观的地带性特色，创造出具地域特色的绿道景观
玉龙县太安乡	马铃薯、秋油菜花海	功能：生态服务、吸引游客进入村庄 产业延伸：开发农家客栈、打造太安洋芋鸡火锅农家餐饮品牌等乡村旅游产品 绿道设计：将农田花海植物延伸至村庄农户四周的农田；村道两侧和乡间步道充分利用本地农作物、果树、野生花卉，按照"乔、灌、草、藤"合理配置，如滇楸、杨树、柳树、野蔷薇等
玉龙县文海村	湿地花海、球宿根花卉花海	功能：生态服务、吸引游客进入景区 产业延伸：将"花"要素融入吃、住、行、游、购、娱旅游六要素中协调发展。开发文海村花海观光、花海婚纱摄影、发呆谷、森林人家、民宿、农家乐等旅游产品 绿道设计：通过人工繁育将霞红灯台报春从湿地延伸至乡间步道；公路两侧充分利用原有植被，对绿道景观效果进行整体改造提升，根据乡土观赏植物的生态习性，进行乔、灌、草、藤合理搭配，如花楸、野蔷薇、滇常山、鬼吹箫等

续表

名称	景观特色	郊野型绿道
永胜县三川镇	荷花花海	功能：生态服务、整合花海资源 产业延伸：将"花"要素融入吃、住、行、游、购、娱旅游六要素中协调发展。开发花海观光、花海婚纱摄影、农家乐等旅游产品 绿道设计：永胜县三川镇地处金沙江梯级断陷盆地，属典型亚热带气候。凤凰木是著名的热带观赏树种，也是亚热带常用行道树种，遮阴效果好。在通往三川镇公路两边种植凤凰树，株距可延长至20—30米，这样既能营造景观，又能在株间种植不同花期的观赏小乔木和灌木，可以形成公路沿线四季景观

结语

绿道作为全域旅游"线"层面的绿色基础设施，能够将市区内主要景点全部串联起来，不仅以外在空间与形态美感为表征，形成四季常绿、三季有花、冬季有果的多色彩、多层次、极具视觉冲击力的生态景观，还能有效发挥绿道的生态、文化、游憩等功能，助推旅游产业结构转型，从小旅游格局向大旅游格局转变，从景点旅游向全域旅游转变。

保护丽江生态 首要在于兴水[*]

和尚武

党的十八大后,以习近平同志为核心的党中央,高度重视生态环境保护工作,提出了"绿水青山就是金山银山"的论断,指出搞好生态环境保护建设是造福子孙后代、中华民族振兴的大事。从丽江实际分析,绿水是短板、青山是长项,丽江城是全国369个地级城市中严重缺水的20个城市之一,水源短缺,黑龙潭多年干涸,飞速发展的城市呼唤着水的供给,万物生存亦维系于水。为加大丽江生态建设力度,笔者深感有责任有义务提出拙见。

笔者认真查阅《丽江县志》《丽江古城志》中有关自然灾害、水利、气候等资料后,看到纳西先民在古老的东巴经书《创世纪》中就记述了气候星象历法,清代乾隆时期《丽江府志略》也翔实记载了纳西四季农事和水利。在《丽江县志》中有清乾隆、光绪年间多次干旱严重、庄稼绝收、玉泉干涸的史录。民国五年(1916)玉泉枯竭。中华人民共和国成立后64年,小旱不断,1959年到1960年发生特大旱灾,玉泉干涸。1982年到1984年的特大

---

[*] 本文写于2013年。

旱灾使玉泉干涸八百多天。2009年到2013年4月连续四年特大旱灾，玉泉干涸四百多天。面对自然灾害，丽江先民注重生态保护，兴修水利，唐宋年间，在白沙、束河兴修水利率先发展农业。元明时期，木氏土司先后组织民众开通关坡，引水排涝，开拓荒地，修漾弓江（旧称老河湾），开修大研古城玉河西河水利工程。清代改土归流后修建玉河东河水利工程。新中国成立后64年间，党和政府组织成千上万的民工陆续修建了丽江县吉子水库、拉市海水库、新团水库、文笔海水库、龙山水库、清溪水库、中济海水库、黑龙潭扩容水库等，保证了丽江坝区农田用水、城市供水、工业用水、景观用水，为丽江城市的发展壮大提供了保障。

回顾新中国成立64年的历程，20世纪50—80年代，是丽江大兴水利建设的30年，我们的父兄及母姐辈，哪个没有参加过艰苦的水库建设大会战？改革开放以来，由于生产关系的改革，大兴水利的势头下降了，特别是由于近20年的城市大发展，丽江坝区的小型水利体系遭到严重的毁坏，农田、湿地、坝塘、水沟大幅减少和消失，湿气上升不了，冷空气下来，难以降雨，减少了丰沛雨水补充，加剧了干旱，形成了连旱。

笔者有幸多次参加丽江市纳西文化研究会组织的"打造丽江世界文化名市，打造文化硅谷"和"保护丽江"等专题调研活动。经过近一个月到乡村、山寨、社区、行业调研，广泛听取基层群众和干部、专家学者的意见，收获很多。现仅从保护丽江生态环境，首要是兴修水利，保护丽江坝的水系生态工作提出如下几点建议：

市县领导要高度重视丽江的水利事业，充分认识水是丽江的命脉，水是丽江古城的灵魂，牢固树立保护发展丽江首要兴水的决心。

加大整个水生态系统保护，调动水利、规划、土地、林业、旅游、农业等部门的积极性，保护丽江坝的森林、田园、古村落，保护青龙河、东沙河、漾弓江等的绿化带。

加快建设龙蟠金沙江提水工程后，将江水从拉市海引向白沙坝，可在白沙建水库，为丽江坝提供强大的水源保障。

尽快搞好引黑白水到九子海补充黑龙潭玉泉泉水源水利工程，让黑龙潭早日重涌珍珠泉，造福一方（黑龙潭泉水的重现是丽江争取全国生态环境保护先进城市的重要标志）。

坚决保护好白沙荒坝原生态，严禁建房，绿化植树，修建水库及湿地片区，坝区内特别是漾弓江两岸修湿地片区，将排污之水经过湿地科学净化后，提升修渠引向城北循环利用，尽快改变目前丽江坝河水及雨水快速流向鹤庆县的状况，增加丽江坝地下水保存率，提高丽江城区及坝区地下水存量。对采挖深度地下水井的用户采取法律、行政、经济手段，尽快坚决果断制止盲目深井开采地下水。

建议对丽江坝周围分布着的山泉及小溪十多处进行认真调查，分批建成小水库，如金山达瓦村小水库等，在城市边区及田园风光带区和商品房区修建一大批人工湖，既可兴水利、利居民，又为今后乡村民族文化旅游村寨建设提供了硬件。

大力加强保护丽江生态环境工作，首要保护水系。大兴水利建设，全面修复水生态系统，就一定会使"高原姑苏"、小桥流水、玉壁金川的丽江变得更加美好，成为全世界人人向往的人间乐园。

待到清泉重涌时
——生态文明建设视野下的丽江坝区水资源保护[*]

王德炯　和卫芳

习近平总书记考察云南时发表的重要讲话，为云南发展提出了新方略、明确了新定位。他语重心长地指出：希望云南主动服务和融入国家发展战略，闯出一条跨越式发展的路子来，努力成为民族团结进步示范区、生态文明建设排头兵、面向南亚东南亚辐射中心，谱写好中国梦的云南篇章。习近平总书记在云南大理洱海边仔细察看了生态保护湿地，听取了洱海保护情况。他强调，经济要发展，但不能以破坏生态环境为代价。生态环境保护是一个长期任务，要久久为功。一定要把洱海保护好，让"苍山不墨千年画，洱海无弦万古琴"的自然美景永驻人间。

站在"十三五"决战全面小康的关键时期，结合习近平总书记考察云南时的重要讲话精神，反观与透视生态文明建设视野下的丽江坝区水资源保护，对于如何在当前及今后丽江经济社会又好又快发展中，进一步把握新机遇、明确新定位、引领新常态、

---

[*] 本文参考资料来源主要为丽江市调研组所编写的《丽江坝区水资源现状及保护工作情况》一文，在此表示谢忱。

激发新活力、展现新作为、实现新跨越，无疑有深刻的历史意义、高远的现实与未来意义。

一、丽江坝区水资源概况

丽江坝区地处漾弓江流域上段，是丽江市的政治、经济、文化中心。漾弓江属于金沙江一级支流，流域内丽江段径流面积574.5 平方公里，多年平均产水量为 17300 万立方米。坝区的水资源量主要来源是大气降水，其次高山冰雪融水也是地表水和地下水的补给来源。坝区内的河流主要有漾弓江干流、青龙河及其二三级支流西干河、东界河、清溪河、玉河、鱼米河、东山河等。坝区周边有多群泉水，较大的有龙泉、清溪、黑龙潭、三思河、俄吉、玉湖等。天然湖泊有拉市海和文海，均为古老的冰蚀河。玉龙雪山冰川、九子海洼地、拉市海径流区为丽江坝区周边水资源的主要补给水源。2005 年末，丽江坝（包括拉市、七河、太安）总人口约 16 万，土地面积约 1357 平方公里，人口平均密度约 117.8 人／平方公里，耕地面积约 21.39 万亩。

按 2005 年人口计算，丽江坝区人均占有水资源量约 1700 立方米，还不到全市人均占有水资源量 7595 立方米的四分之一，也低于云南全省人均占有水量 5240 立方米、全国人均 2200 立方米的水平。丽江古城所在流域水资源总量虽然较为丰富，但由于流域区属丽江市的政治、经济、文化中心，人口稠密，人均、亩均占有水资源量都比较低，坝区蓄水工程不足，水量年际变化悬殊。随着旅游业的不断壮大和城市规模的迅速拓展，水资源的稀缺矛盾也日益凸现，所以丽江坝区实际上已属于中度缺水的区域，接近用水危机的边缘。

有关资料表明，丽江气候春秋相连、长春无夏，形成了明显的干季和湿季。丽江年均降雨量为1000毫米左右，5—10月为雨季，降雨量占全年的85%左右，7、8月份特别集中。然而近几年，丽江受全球变暖的影响，一遇雨水偏少或干旱之年时，主要水源地黑龙潭便会彻底枯竭，潭底干裂的现象就有增无减。2016、2017两年的降雨量恢复到年均正常值，但依旧未能改变黑龙潭断水的情况。2012年1月21日，黑龙潭枯竭断水；2014年9月5日，黑龙潭复出少量水；2015年1月17日，黑龙潭又枯竭断水，直到现在也没有复出。虽然历史上也有过多次枯竭断水的记录，但多用不了多长时间就复出。2015年1月17日至2018年8月7日，则是黑龙潭断水时间最长、最严重的一次。不仅仅是黑龙潭枯竭断水，丽江古城内的白马龙潭、甘泽泉等多处群泉，也先后出现了枯竭断流、断水的情况。从黑龙潭断水到重出活水的漫长时间里，丽江人忧心忡忡。一方面，似乎还在心安理得地每天享受着来自玉龙雪山冰雪融水、三思河、清溪水库、拉市海、黑白水河等通过自来水管奔涌而来的"丽江之水"，另一方面，也每天忐忑不安地思虑着黑龙潭水源的是否还能复出——因为黑龙潭水源是否还能复出，不但已经成为丽江之水情况变化的晴雨表，而且也成为丽江坝区人、丽江古城人乃至所有新老丽江人喜怒哀乐的风向标。君不见，古往今来有多少文人学士、新老丽江人，极尽世界上所有赞美之词歌颂过丽江这一以"小桥流水人家"著称的"高原水乡""高原姑苏"人间宝地，又有多少文人学士、新老丽江人，极尽世界上所有美好诗句，赞叹过丽江素有"母亲河""么些江"之称的金沙江，赞叹过丽江素以"神山""圣山""情山"之称的固体水库——玉龙雪山！古往今来又有多少文人学士、新老丽江人讴歌过"玉龙雪山天下绝",发出过"心忧雪山愿天寒"之呼唤;又有多少文人学士、新老丽江人赞颂过黑龙潭景致之"潜龙在天、飞龙在地"!

如今,回看黑龙潭水源此次史上历时最长、最严重的枯竭断流,从政府到民间的层面,从法律到道德的层面,从丽江主动服务和融入国家发展战略、闯出一条跨越式发展的路子来等层面,去认真总结、深刻反思过去我们做了些什么,利弊得失几何,现在我们还能做些什么,该怎样做才能不愧对祖先不愧对后人,成为当前及今后一个时期内摆在丽江生态文明建设视野下一个不容回避的重要命题。

二、丽江坝区的水资源保护

纳西族《东巴经》中很早就提出人与自然是兄弟关系,人要尊重自然,才能得到自然的恩惠,才能风调雨顺、和谐安生。若要破坏自然、挑战自然底线,就会受到大自然的惩罚。秉承这一朴素的传统自然观,纳西族民间也一直固守着唯有丽江之水,才是丽江城市之魂、丽江民族文化之魂。以纳西族为主体的丽江各族民众,历史上就形成了优秀的传统水俗文化:丽江古城的三眼井用水习俗、用车提水磨豆腐及酿酒习俗,严禁水污染的村规民约习俗,敬水爱水以诗文传世的习俗、以水闸截水冲洗街道的卫生习俗、以东巴祭署仪式规范民众用水行为的习俗,等等。水俗文化在丽江所有的民俗文化、民族风情中,几乎都体现得淋漓尽致:每年举行祭天、祭署仪式一定会选择在有水源、近山林的地方,举行仪式净水瓶、孔雀羽毛是必备的物件,把净水洒向参与仪式的民众,更是必不可少的程序。金沙江、玉泉水哺育了丽江各族儿女，今天当人们所敬所爱的生命之源——水，一次次向人们亮起红灯之时，如何传承、弘扬好丽江固有的水俗文化，成为建设丽江、保护丽江，把丽江建设成"世界文化名市""国际精品旅游城市"的题中要义，成为留住青山绿水就是留住了金山银山的题中要义，成为让丽江美丽的乡愁之花常开不败的题中要义。

历届丽江市委市政府高度重视生态环境和水资源保护。2006年10月31日，丽江市第一届人大常委会第二十二次全会通过并公布了《丽江市人大常委会关于加强丽江市区和周边环境保护的决定》（以下简称《决定》），首次对市区及其周边环境保护制定了地方法规，使周边水资源有了法律保障，在禁止在城区四周面山采挖沙石等方面起到了巨大的作用。在尚未形成法规保障之前——丽江撤地设市之前，地委、行署也曾未雨绸缪，对丽江坝区水资源的保护与开发确定了新的思路，并超前实施了拉市隧洞、清溪水库等水利工程建设。撤地设市后，又狠抓了一系列水利工程建设。2004年6月，市委市政府提出"在有效保护和合理开发水资源的前提下，科学制定丽江坝和城市供水解决方案"的思路，明确提出了以保护地下水，建设清溪水库、玉龙水库、玉湖水库、红星水库等重点水源工程，远期实施拉市海调蓄水工程，兴建文海水库等重点水源工程，通过近期和远期的水源工程建设，最终有效保障城市供水、景观用水和丽江坝、七河坝的农业灌溉，以支撑丽江经济社会持续发展的思路。为此，市委市政府召开了六次水利建设现场办公会，专门研究部署丽江水资源建设和保护工作。自2004年以来，累计投入八千多万元新建玉龙水库、清溪水库除险扩容工程、黑龙潭扩容工程和玉湖水库、"三河"整治等一批水利工程，这些水利工程的建设，在一定程度上缓解了丽江坝区供用水的矛盾。2006年为贯彻落实好《决定》，丽江市人民政府及时颁布《丽江市地下水资源管理办法（试行）》，市水利行政主管部门组织有关部门开展了强有力的清理整治工作。经拉网式调查统计，仅在丽江坝区就有取水井8981口，其中村（居民）取水井7535口，小区取水井1174口，党政企事业单位取水井161口，宾馆、酒店109口。从2006年12月13日起，以古城区为主的政治组，在限制区域和自来水管网覆盖区域内，对承压水井实行限期填埋，已开采的潜水井，实行取水许可制度，水资源有偿使用制度，并限量取水。到2007年4月17日，丽江坝区已封填承压水井247口。为协调城乡用水矛盾，缓解坝区水资源供不应求的困难局面，2007年4月16日，市委市政府主要领导到古城区、玉龙县对水利建设调研并召开现场办公会，会上作出了调白沙三思河三分之二的水进城，用以缓解城区居民生活用水和古城景观用水紧张的决策，以及减少农灌用水后对白沙乡农户给予合理补偿等重要决策。是年4月18日开始，三思河三分之二的水就调入城市供应，由古城自来水一厂直接供应古城居民生活用水，确保了城市居民的生活用水。同时，将拉市海的水调入古城景观河道，缓解了黑龙潭断流给古城景观用水的严重影响；2013年实施的丽江黑白水河引水黑龙潭保泉补水工程项目，更为丽江古城的源头活水注入了新的生机活力。一方面是通过全市各级党委政府的努力，新上马的一批水利工程为丽江坝区的严重缺水送来了新的希望曙光，另一方面，城乡民众的节水爱水敬水意识也从中得到了不断增强与提升。

近年来，我们也欣慰地看到丽江市在成功创建全国园林城市的基础上，积极开展以创建全国文明城市、国家卫生城市、国家环境保护模范城市、国家节水型城市,申报中国人居环境奖、联合国人居环境奖等为主要内容的"四创两申"工作,以此来不断提升城市品位、改善人居环境。2013年3月,丽江市正式启动创建国家节水型城市工作以后,紧紧围绕促进水资源可持续利用、改善水环境、规范城市节水管理的工作目标,切实加强了节约用水和集约用水管理,不断促进了城市节水管理和水资源综合利用,促进各项指标全部达到了国家节水型城市标准要求。

通过坚持不懈的"四创两申",丽江市已成功创建为国家卫生城市、国家节水型城市,并获得全国文明城市提名资格。

三、存在的困难与问题

近年来,受自然和人为等因素影响,丽江有连续三年出现降雨量偏少、地下水位下降、主要泉水点流量减少甚至断流等现象。这些困难与问题主要是:一为黑龙潭水源枯竭,清溪水流量萎缩,许多时候会导致古城区自来水二厂供水紧张和古城景观水紧缺。二为坝区水资源保护、建设、开发的总体规划滞后。三为丽江坝区内水库建设滞后,导致工程性缺水突出。虽然其中也不乏资源性缺水、季节性缺水、水质性缺水等因素,但由于水利建设滞后,工程性缺水成为最突出的问题。四是水源地生态环境破坏现象较严重,有的地方甚至是触目惊心。如滥采砂石现象屡禁不止;地下水无序开发现象突出,丽江坝区八千九百多口水井的开采,是丽江地下水脉发生变化的重要原因之一;水源涵盖地如九子海、腊日光一带生态条件十分脆弱,一般地势陡峭、土层较薄,保水性较差,尤其是石灰岩地带更为严重,在这些区域内森林火灾还时有发生,人为偷砍盗伐现象、毁林开荒现象时有发生、屡禁不止。五是市区内污水排放、集中处理工作跟不上城市发展、人口增加的需要。六是水资源管理体制不顺,供水用水之间尚未完全形成以市场为杠杆的运行机制,制约水资源的合理配置。七是水资源开发、利用和保护的投入不足,以及干部群众对水资源认识存在误区和浪费等诸多问题同时存在。许多人认为:丽江之水是取之不尽、用之不竭的,丽江怎么会变成"用不上不出钱之水"的城市?他们不知道,一方面,一些局部地方人们出钱小心地用着自来水,而在道路之下的河道、沟渠里却每天恶臭不断、污水横流,另一方面,也存在"多龙治水"的情况,工作中难以形成取水—供水—用水—排水—处理回用的循环系统。

　　随着丽江旅游业的迅猛发展,外来人口不断增多,对此,应当说丽江人是持开放、包容态度的,因为不管你来自哪里,入住了丽江就是丽江人,只不过在入住时间的长短上有了新丽江人、老丽江人的一点区分而已。问题是当你面对丽江古城"三河"的污染,面对古城周边一些地方时有垃圾成堆、污水横流的情况,新老丽江人是否还能做到心静如水、无动于衷呢?当你面对丽江古城水源——黑龙潭虽然还有水(调入的水),但昔日的珍珠泉时至今日也不见了珍珠的串串喷涌,以及不见了其他众多泉眼的往日灵气之时,新老丽江人的心还能做到无动于衷吗?

　　作为世代以玉龙雪山、金沙江为荣,靠玉龙山乳汁、玉泉河水哺育长大的丽江儿女,面对此情此景,想必定会感慨万千,想必定会无一例外地从每个人内心深处发出同一种声音;不见尊容日已久,回回梦里难寻觅;待到清泉重涌时,柳暗花明有盼头。

四、对策与思考

丽江坝区水资源的保护与开发,不但事关丽江城乡人民的生产生活,事关丽江的经济社会发展大计,而且这一置于生态文明建设视野下的丽江首要命题,也直接关系到丽江古城品牌和旅游产业的兴衰,关系到丽江能否在未来几年绘制"十三五"蓝图和决战全面小康的进程中,闯出一条跨越式发展的路子来,关系到能否如期实现丽江110万各族人民对美好生活的新期待,关系到丽江110万各族人民能否在党的领导下共同谱写好中国梦丽江新篇章。站在一个新时期、新机遇、新常态、新跨越的历史起点上,站在"十三五"规划及更长远的角度去思考、探索丽江坝区水资源保护与开发的战略选择,去分析、研究丽江坝区生态文明建设水资源先行的应对之策,无疑是很有意义的事情。

第一,要进一步解决好统一思想认识问题。丽江的广大党员干部、人民群众一定要按照中央关于"创新发展、协调发展、绿色发展、开放发展、共享发展"的要求,把思想认识进一步统一到习近平总书记系列重要讲话和考察云南重要讲话的精神上来,进一步统一到省、市、县(区)的相关战略部署上来,在当前及未来几年内要把生态环境保护、水资源保护放在更加突出的位置,按照习近平总书记的殷切嘱托:要把生态环境保护放在更加突出位置,像保护眼睛一样保护生态环境,像对待生命一样对待生态环境,在生态环境保护上一定要算大账、算长远账、算整体账、算综合账,不能因小失大、顾此失彼、寅吃卯粮、急功近利。

第二,进一步加大宣传力度,切实增强各级干部、广大群众的法制观念和水资源的忧患意识。一要结合党的十八大以来提出的全面依法治国理念，加快法治丽江建设，切实做到对水资源的保护与开发有法可依、有法必依、执法必严、违法必究。二要进一步加快地方立法，修订和完善有关保护生态环境、水资源的实施条例、实施细则。三是要做好新老媒体的深度融合，进一步加大宣传教育力度，不仅要让广大干部群众增强保护水资源的法制观念，同时也认识到丽江坝区水资源的实际情况，克服盲目性，增强水资源的危机意识和忧患意识，从而真正提高保护水资源的自觉性和责任感，真正认识到水是丽江的命脉、丽江的形象、丽江的灵魂、丽江社会经济可持续发展的宝贵资源。四是要在志愿者队伍中倡导一种体制机制，即对丽江坝区水资源的保护先行一步，以点带面抓住经验，逐步在全社会中蔚成风气。五是按照市委市政府的要求，在各个社会、民间层面上开展好系列保护、建设、节约水资源的相关工作，并使之制度化、常态化。

第三，水行政部门要进一步抓好丽江坝区水资源保护、建设、开发、利用的总体规划，按照"一盘棋"的总体规划，在坝区内实现统筹规划、合理开发、统一调度、综合治理、有效保护的管理模式。

第四，尽快从市、区（县）政府的层面上组建一个有权威的水资源综合协调管理机构，来统一处理协调各地之间存在的用水矛盾、水资源保护与开发之间的矛盾，并综合运用行政、法律、技术、经济等手段，来实现丽江坝区水源的统一调度、合理配置，确保有限水资源效益发挥的最大化。

第五，改变观念，创新思维，加快水利管理体制改革，按照市场机制解决水资源的供需矛盾，走水资源商品化、以水养水的路子。

第六，进一步抓好水源地生态环境保护，抓好地下水资源的保护，抓好水污染防治和城市防洪泄洪的工作；进一步加快水利建设步伐，争取在较短时间内解决丽江坝区工程性缺水的根本问题。

第七，进一步传承弘扬好丽江优秀传统民族文化、水俗文化，以纳西族优秀传统文化中的"董模"（规矩）教化社会、教化新老丽江人、教化青少年一代；开展好每年的纳西传统祭天、祭署仪式，让传统的"人与自然是兄弟"这一理念，成为现代生态文明的新思维、新内涵。

习近平总书记反复强调：良好生态环境是最普惠的民生福祉，保护生态环境就是保护生产力，以系统工程思路抓生态建设，实行最严格的生态环境保护制度。在这个意义上说，丽江未来的发展不但要靠"蓝天白云"，更要靠"雪山不墨千年画，金沙无弦万里琴"的青山绿水美景永驻人间。

弘扬民族生态文化 建设美丽幸福玉龙[*]

和慧军

党的十八大报告指出,面对资源约束趋紧、环境污染严重、生态系统退化的严峻形势,必须树立尊重、顺应、保护自然的生态文明理念,把生态文明建设放在突出地位,融入经济、政治、文化、社会建设各方面和全过程,努力建设美丽中国。

云南省玉龙县是全国唯一的纳西族自治县,也是全国唯一的集三大世界遗产(文化、自然、记忆)于一身的县;纳西这个只有30万人口的民族,被誉为"小民族创造了大文化"。生态文化,是整个纳西文化的精华,载之于纳西族先民用象形文字书写的东巴经中,至今仍闪耀着现实主义的灿烂光辉,主要内容有:

人与自然是兄弟 东巴教把大自然叫"署",掌管署的神灵叫署神。据东巴典籍记载,洪荒时代,人类与署是同父异母的兄弟,彼此相依,同枕共食。两兄弟长大后分家时发生争执,反目为仇。人类制造猎具、铁器和使用火,肆无忌惮地捕杀鸟兽、烧山

---

[*] 本文曾发表于《农民日报》2013年5月25日,第3版。

开荒。署后发制人:山洪狂泻,吞没田舍;野兽奔腾,追捕人畜。人与署反复争斗后,在天神的帮助下,终于坐到谈判桌前签订条约:署要降及时雨,给人类提供清洁之水;允许人适量狩猎、放牧、开荒、伐木,不让山崩起洪流,不让天响炸雷地震荡,不让人畜遭病难生存……人类要爱护署,不得滥射玉龙山鹿、滥捕金沙江鱼、滥砍高山树……人与署,你中有我、我中有你,血脉相连、相依相存,不是征服与被征服的关系;和则两利,斗则两亡,友好相处才能共存共荣。

水生万物 纳西先民认为:生命起源于水;没有水,就没有生命。东巴经《崇般图》中说:海水中产生出美仁初初等八代人,才完成了生命进化过程。到第九代崇仁利恩,才演化成纳西族的祖先。水的父亲叫吉负忍,母亲叫吉库含,掌管万物的署神灵就住在水里,因此视水源地为神圣之地,形成了共同遵守的习俗:不得污染和破坏,不得在水源地捕鱼、捉蛙、杀牲和高声喧哗。纳西人爱水、敬水、惜水、护水,对水充满了感恩。纳西村寨大都有"三眼井",一井分三眼,眼眼相连,分别作饮用、洗菜和洗涤之用。

举行祭祀 纳西先民视署为人赖以生存的恩惠之源,人欠署很多债,这些债要通过举行"谷"这种祭祀仪式来偿还,双方才能永远保持和谐共处的关系。纳西族地区每年都要举行亲和自然的"署谷"仪式,有的地方每年2月举行,有的每年2月和8月各举行一次,由东巴主持,全民参与;人要沐浴斋戒,村寨要洒扫除秽;仪式用法物数百种、东巴经书120种。纳西先民把世界万物分成属于人类和大自然两部分。属于人类的,如田地、家畜、家财,所有权属于自己,可以支配。属于大自然的，如湖泊、山林、禽兽等，人类获取时需征得署神首肯，否则会招致祸害。尤其是杀害与署关系密切的飞禽走兽时，须祭祀献物，作为赔偿。

生态教育 纳西民间有一整套保护自然生态的习俗，儿童自小就被大人谆谆告诫：不得随意丢弃死禽死畜，不得在水源旁洗涤污物、大小便，不得随意毁林开荒；立夏后一段时期禁止砍树狩猎；伐树的时间、数量，由集体决定。长大后即使再有权势，也要谨守践行。久而久之，这种威慑、约束、习俗，就内化成了世代相传、根深蒂固的环保意识和生态文化。

村规民约 过去，纳西村寨普遍通过村民大会公推德高望重的老人组成老民会，负责制定管林护林的村规民约，并督促实施；还负责指定护林员；每年统一安排一天，组织村民集体到林中修枝打杈做烧柴，砍好后堆放在一起，经护林员验收后方可背回家。对乱砍滥伐者，由老民会依村规民约惩罚。纳西村寨皆设有护林员和护水员，俗称居瓜和吉瓜。两员大多请自外村或外族，以防亲戚间护短。两员的住所、伙食、酬金由全村人提供，人身安全受全村人保障，拥有守护权、罚款权、通报权。

从1972年斯德哥尔摩世界环境大会提出可持续发展思想，到1992年里约热内卢大会发表的《21世纪议程》提出可持续发展战略，说明尊重自然、善待自然、保护环境、爱护地球已成为世界共识。因此，用和谐的理念、态度、方式，来认识处理人与自然、人与人、人与社会关系的理念，体现了纳西生态文化的前瞻性和时代精神，这些优秀成果和实际步骤，是对当代生态理论与实践的卓越贡献。

人类文明的发展史，就是对人与自然关系的认识和处理的历史。今天，在拯救人类生命之树和生命之水的宏伟实践中，纳西生态文化能给我们很多的启示教益：既要抓好生态知识的学习讲解，建设生态文化；也要抓好法律政策的宣传落实，确立生态自信；还要抓好民族文化的保护弘扬，传承生态遗产，多管齐下，综合治理。如果人人都能把祖先先进的生态理念植根于大脑、付之于行动，那就一定能盘活全社会的生态意识和环保责任，生态危机就会远遁，美丽玉龙就会如期而至！

玉龙：乘势而上建设生态县

和慧军

党的十八大报告提出，要把生态文明建设融入经济建设、政治建设、文化建设、社会建设各方面和全过程，努力建设美丽中国。玉龙纳西族自治县要发展生态经济，弘扬生态文化，改善生态环境，加快生态县建设步伐，促进自然资源的合理开发和可持续利用，促进全县经济、社会、生态环境协调发展。

一、高度重视，保障措施

狠抓责任落实。建立工作联席会议、情况反馈、进展督查、工作考核制度，根据各部门和乡镇职能职责，细化分解任务，明确责任，实行目标责任制，将生态县建设总目标分解为具体年度目标，对相关责任单位强化检查，严格进行年度考核。

加大资金投入。把生态县建设优先纳入国民经济和社会发展计划，由县财政安排专门经费；把国家重点生态功能区中央财政转移支付资金的13%投入生态县建设；抓好环境监察能力建设。

建立多元化投融资体制。坚持"谁污染、谁治理"，由污染主体承担污染源治理资金；落实生活污水、生活垃圾处理收费政策；

利用经济手段和产业政策，加大招商引资，充分调动非公经济组织积极性，吸引更多的民间资金投入生态县建设。

加强宣传教育。利用干部培训和轮训等机会，举办环保和生态建设讲座、企事业环保培训班，宣传生态环保法规。

二、分解指标，加快建设

发展生态农业。夯实农业基础设施，形成完善的高稳产农业生产体系、农产品深加工体系和多种形式的农村经济体系，农民人均纯收入年均递增15%以上；推广应用农业生态技术，不断提高农业生产生态化程度、生产效率和生产废弃物综合利用效益，发挥龙头企业带动作用，发展特色绿色种植和名牌产品。

发展生态工业。调整布局，优化结构，打造工业经济升级版，主导产业资源利用率、能源效率和主要污染物排放强度，整体达到云南省先进水平，形成以生态工业园区为载体，低消耗、低排放、高效益的文明工业体系。

发展生态旅游业。强化旅游业的支柱地位，合理开发旅游资源，稳定提升生态环境质量，建立可持续发展的生态旅游业。

发展生态服务业。把服务业纳入全县三大产业的物质循环过程，以市场化、产业化、社会化为方向，结合加快城市化发展战略，打造旅游、文化、金融、仓储物流、加工贸易平台，调整服务业发展方向和结构，提升业态品质和服务质量，拓展生产性服务业，丰富生活性服务业，发展旅游文化、商贸流通、金融、信息、房地产等产业，加快传统服务业向现代服务业转型，促进服务业成为全县经济社会发展的新动力和劳动力就业的主要领域。

优化生态人居环境。提高城镇化率，完善城乡污染物处置体系,有效控制农业面源污染,改善县域大气、水、声环境质量。

弘扬生态文化。挖掘和弘扬纳西生态文化,把现代生态文化融入传统文化,丰富传统文化内涵,提升传统文化品质;加强宣传教育,倡导绿色生产和消费,培养具有现代文明生态意识和继承传统生态文化群体;创建绿色学校、企业、机关和家庭,树立关爱环境、保护绿色的现代生态文明价值取向,使科学发展观、绿色消费观成为全社会的共识和广大群众的自觉行动。

建设资源保障体系。坚持可持续发展战略和土地基本国策,统筹城乡建设用地,严格保护耕地农田,集约高效利用和优化配置土地资源;落实水资源管理制度,合理分配生活、生产、生态用水,建立节水型生产和生活体系。加强森林植被恢复和森林抚育项目建设,建立成熟的林产品市场体系,生态保护与林业开发基本协调,加强生物多样性保护。开发能源资源,保障能源供给,提高能源利用效率。

建设生态安全体系。有效保护各类保护区,有效治理水土流失和石漠化区域,提高森林数量和质量,增强生态环境承载能力,巩固长江上游稳定可靠的生态安全屏障地位。

丽江：固本强基 发挥优势 争做国家生态文明建设排头兵

和秀琼

建设生态文明关乎人民福祉，是关系中华民族未来发展的长远大计。习近平总书记从中国特色社会主义事业全面发展的高度对加强生态文明的重要性进行了深刻阐述，从对子孙后代高度负责的态度告诫我们加强生态文明建设的紧迫性，并就建设生态文明作出了明确的部署要求。丽江市作为国家生态屏障建设和云南旅游资源富集的重要区域，通过历届党委政府深入实施"七彩云南丽江保护行动"和滇西北生物多样性工程和深入推进"森林丽江"建设、水生态系统保护与修复、城乡垃圾处理、节能减排、人居环境提升改造等六大工程，持续加大以程海、泸沽湖、拉市海、金沙江流域等为重点的重要生态保护和修复，扎实开展重点林区、重点景区、自然保护区森林资源和生态安全保护工作，不断加快"四创两申"步伐，通过生态文明排头兵建设让人民群众在更大空间和更深层次享受到生态文明带来实惠的同时，也把丽江这张名片擦得更加靓丽，成为全国改革开放 30 年来 18 个典型地区之一。丽江因旅游而誉满天下，除了瑰丽灿烂和独特神奇的民族文化外，还得益于良好的生态。分析丽江的先发优势和后发优势,丽江尚未具备发达地区通过发展工业实现经济社会快速发展的条件,也无资本走发达地区"先污染后治理"的发展道路。全市只有立足加快生态文明排头兵建设,固本强基,走可持续发展道路,才能通过生态文明建设推动全市经济社会持续健康发展。

一、加强宣传教育,积极发动群众参与是生态文明建设的基础

生态文明建设需要人人参与,共同关注,只有宣传、组织、发动群众积极参与生态文明建设才能获得最广泛的力量支持。目前,我国已建立起了体系完整的关于生态保护方面的法律法规,各级党委政府也出台了关于加强生态保护的政策措施,丽江市也制定了相应的生态市建设规划,包括林政、矿产和水资源保护等系列生态文明建设方面的行政法规。法律法规以及规章制度从应然到实然,必然要经过宣传教育和发动,群众参与生态文明建设的行为也需要宣传教育来规范。因此,我们必须坚持把宣传教育作为一项基础性的工作抓牢抓实,要明确各部门在生态文明建设宣传教育中的重要职能,加大宣传教育力度,形成长效机制,做到常抓不懈。要不断创新宣传方式,落实宣传措施,增强宣传实效。要通过二十世纪五六十年代全市许多乡镇乱砍滥伐导致生态恶化以及经过生态保护,大力发展旅游和生态产业,实现全市经济社会的快速发展两个正反方面的经验,加强宣传教育,深化群众对生态文明建设重要性的认识,筑牢群众基础,激发群众保护热情。要结合退耕还林还草、公益林养护、水源林养护补助以及护林防火经费等政策的实施,以及"七彩云南保护行动"与"森

林丽江""大美丽江"建设活动，加强教育引导和规范约束，使群众不断提高落实生态保护措施的自觉性，切实增强群众节约意识、环保意识、生态意识。要传承与创新生态文化，不断延续传统民族文化中尊重自然、笃信自然的文化基因，深入挖掘村规民约中关于生态文明建设的有益经验，充分发挥示范、引领作用，形成合理消费的社会风尚，营造爱护和保护生态环境的良好风气。

二、加强领导，强化管理，是做好生态文明建设工作的根本保证

加强生态文明建设是各级政府的重要职能和义不容辞的政治责任，享有良好的生态环境是人民群众应有的基本权利。政府具有社会管理和提供公共服务的重要职能，在生态文明建设中，各级政府要充分发挥主导作用，高度重视，加强领导，长远规划，综合运用政治、经济、法律、税收等多种手段，多管齐下，强力推进生态文明建设工作，为群众创造良好的生产生活环境。生态优良是丽江市的优势，也是全面发展的基础和根本。加强生态文明建设，走可持续发展道路是全市上下的共识。多年来，市委市政府在推进生态文明建设方面创新了工作思路，创造性地开展各项工作，总结了许多新鲜经验，为今后的生态文明实践提供了许多有益的借鉴。当前，我们要抓住这难得的历史机遇，立足生态良好的优势，深挖发展生态文明潜力，作好生态文明建设文章，使丽江市生态优良的优势更加明显，经济社会发育程度普遍不足的劣势得到明显改善。要不断建立健全生态文明激励约束机制，改革不适应生态文明建设的陈规陋习，有序推进"两危"整治、水生态修复等工程，落实河长制、路长制和街长制等工作任务，

从而在强化生态文明建设过程中实现全市经济社会的快速发展。

三、几点建议

针对全市目前生态文明建设中需要改进和加强的一些工作，特提出如下建议：

一是要把林政资源管理作为优先发展的重要内容。始终保持对林政资源管理工作的高压态势，重点加强对玉龙雪山及老君山片区生态环境保护工作的同时，着重加强对"一江、两山、三湖"生态修复和西部片区的林政管理工作。借助国家优化国土功能空间布局中丽江市属限制性开发的政策，争取列为中国西部高原生态环境补偿试点，纳入国家生态功能区转移支付范围。根据"七彩云南保护行动"计划中关于建设生态文明示范县的要求，积极支持各区县开展申报工作，先试先行，并有计划地把生态关键区域的乡镇列为生态文明示范乡镇，通过示范县和示范乡镇的指标要求，细化工作任务，宣传教育广大群众投入示范县和示范乡镇建设，带动全市生态环境建设有一个质的飞跃，为经济发展、宜居环境建设提供优质的人才支持和措施保证。

二是要把耕地保护作为必须严守的生态红线。要把实行最严格的土地审批制度作为守住耕地的前沿关口，把依法清理违章占用土地、擅自改变土地用途作为保护耕地的必要手段，把改善土地耕作质量和完善农田水、电、路等设施作为保护耕地的必然途径，把加大对闲置土地的清理工作作为保护耕地的重点，切实加大土地使用情况的监察监督力度，着力保护好有限的耕地资源。将退耕还林、水土保持、石漠化治理相结合，以小流域为单元，以坡耕地治理为突破口，以生态脆弱区域为治理重点，由政府统一协调、规划，充分发挥各自项目的优势，强化水土流失防治效果。加强对荒山、荒坡、易发地质灾害地段，积极落实地质灾害预报和监测责任，完善值班、巡查检查和灾情险情速报等规章制度，推进落实群测群防机制，防患于未然，尽力减少地质灾害。

三是要把农村生态文明建设和县城周边环境整治作为工作的重点。农村点多面广，在生态文明建设中起着关键的作用。结合人居环境提升工程，要高度重视农村面源污染问题，把在农村建立垃圾储运装置、公厕和建立垃圾焚烧厂等作为加强农村环境整治的重要内容，不断提高农村生态文明建设水平。重视农村清洁能源建设，积极争取小水电代燃料项目，加快以太阳能、风能、节柴灶、沼气池等清洁能源建设进程。将以煤（电）代柴工作纳入对下级政府的综合考核内容，提高烤烟燃煤补贴额度，加快智能化烤炉改造速度，以乡镇或村委会为单位对烤烟用煤进行统一调度，并以农户实际使用量进行补贴，多用多补，不用不补，最大限度地降低烤烟产业对森林资源的消耗，在发展烤烟产业的同时，保护好现有的生态。加大对重要生态功能区保护投入力度。对金沙江沿岸的重点区域、重要湖泊、湿地，加大生态保护和污染防治的投入，加快建设江防工程，保护高山峡谷生态系统多样性，构建国家生态安全重要屏障。

四是要把从严管控作为生态文明建设的前提条件。要坚持最严格的企业准入制度和最严格环境污染评价制度，严把企业准入关，避免重蹈发达地区"先污染后治理"的覆辙。

五是要把发展生态产业作为生态文明建设的重要途径。要结合云南省委省政府大力实施高原特色产业的有利契机，明确主管部门和业务部门职责，加强产业规划，使全县产业规划与政策和上级部署有效衔接，积极争取政策倾斜，并根据不同产业的特点，采取不同的发展策略、开发模式、开发重点和扶持政策，培育名优品牌，不断壮大优势产业，挖掘和培育有潜力的产业，加快形成节约资源和保护环境的空间格局、产业结构和生产生活方式，在更高层次上持续推动生态文明建设，促进丽江可持续发展。

六是要把完善制度作为生态文明建设的根本保证。要不断完善生态文明建设的法律法规和政策措施，坚决打击各种破坏生态环境的违法犯罪行为，把生态文明建设纳入法制化轨道。把生态文明建设工作纳入经济社会发展评价体系，全面落实生态离任审计制度，建立体现生态文明要求的目标体系、考核办法、奖惩机制，使生态文明建设作为考核地方政府和领导干部绩效的重要依据。

水韵山魄纳西情

牛春兰

几十年来，天天看着四周的远山，日日伴着身边的近岭；蓝天白云、流水潺潺，见惯而不怪，习以为常。如今我却越来越喜欢脚下的这片土地——生我养我的丽江坝。仔细看来，慢慢思忖：的确，丽江坝是个拥有得天独厚的好山、好水、好风光的美丽坝子。

不是吗？犹如飞腾银龙的玉龙雪山，昂然屹立坝西北，犹如伟岸的白发老人审视着这片美丽的土地，养育保护着这里的人们。翡翠般的玉湖镶嵌于玉龙雪山的山麓。银龙拥玉湖，玉湖映银龙。微风吹动一池春水，恰如深涧潜伏的蛟龙在游动。

峰如玉笋兰毫的文笔峰，凌云举天雄踞坝西南。醮不尽书不完的墨浪翻滚的大砚墨池，依于它近旁，行云流水尽是文章；书不尽纳西人神奇的故事美丽的传说；赞不完千百年来坝子翻天覆地的变化。

坝西束河九鼎山，青石碧苔，茂林修竹，青松参天，古柏苍翠。九鼎湖水——龙泉，那是天下最清的水。湖水悠幽，水草油油；鸟儿偷觑着人们，游鱼却自顾游于水草间觅食，或唼喋戏水；

临水楼台古朴，湖上桥廊玲珑；湖畔柳条扶水，树下情侣对对，游客流连，老少闲适，是真正的高原水乡，可与西湖媲美。

神话传说中象山和狮子山是结伴从老君山向东，投奔玉龙山的，只因留恋古城坝的美景停留于丽江坝东、坝中心。这不，象山把长鼻甩向北，永远朝着玉龙雪山。象眼下的那块巨石镌刻着"复兴民族"四个大字，这是纳西人的期盼，是纳西人的福祉。腹下是黑龙潭。潭水清澈，天光云影，游鱼自得，人影憧憧；潋滟潭水拉近了玉龙山与象山的距离，玉龙大象相会于水中。地上景水中影，是虚是实，是现实还是幻影，游人常常有些恍惚。这就是龙潭之雅韵，这就是龙潭诱人神往之魅力！

狮子山仰望着玉龙山，雄踞在丽江坝中心，怀抱古城，恰似古城屏障，又像古城的保护神。山上古柏参天，犹如一个个全副武装的卫士昂首挺胸守护着古城；南坡拥抱着千年不涸的白龙潭临水小楼，古朴别致；坡东南就是三眼井，这是合理利用水资源的典范。

那象鼻山前的清溪，那正青山上的"一碗水"，芝山上的那一股股山泉，山泉间庞大的刺麻树，宝坞岩下的那三处三眼井，东山脚下奔涌的那条河；那蜿蜒的蛇山、坡头上雪白的培风塔；憨态十足背负金山寺的龟山与蛇山遥相对峙，那不就是神话《白蛇传》的版本吗？透迤坝南的五台山乃是圣洁的佛地。

这水之韵山之魄，让人销魂，让人陶醉。那山伏藏着和平宁静和谐的魂魄；那山成就了世界非遗纳西东巴文化，那水流淌着纳西等多个民族的互动；那水流淌着丽江走向辉煌的历程。

这就是丽江坝的山水：绿树青山，河沟纵横，泉眼处处，田畴阡陌。山拥着水，水依着山，山护着水，水恋着山，山水相伴，相生相偕，造就了丽江的美丽；山的魂魄严正而温柔，水的神韵流动而永存，成就了丽江坝的生机。这就是大自然的恩赐，这就是上天给予纳西人修身养性的山水。千百年来，生活在坝子里的纳西族及其他各族人民，不辜负大自然的馈赠，传承且珍惜先祖先民遗留下来的崇尚自然、保护自然环境、维护生态平衡的美德，使这块滇西北高原坝子生机蓬勃，逐日发展，生机盎然，举世瞩目，不愧世界自然遗产的殊荣。

有事实为证，千百年来纳西人为保住青山、保护水源，有成文或不成文的村规民约，从不兴砍村前村后的树，不乱伐近山的林。祖训可循，先民的行为可依："局古夫足喃"（纳西语"山上要有树"）；"开罗金依喃"（纳西语"河沟里要有水"）；"坎裉梓笃喃"（纳西语"房前屋旁要栽树"）。过去，烧饭取暖皆用柴，而坝子里的人决不去砍象山上的栗树或矮丛，更不会砍狮子山上的杂树柏枝。烧柴去二十公里外的崇山峻岭"鲁美三廊"（白沙石板凳山）。砍一背柴得两头黑——天不亮出发，回来已是黄昏或天黑了。有时有人想不自觉，这是妄想了，因为每座山都有公正的踞瓜（纳西语"管山员"）管理着，谁都休想动坏念头。

山有多高，水有多长，其实水来自高山，水靠雪育。纳西人将玉龙雪山视为神山。"金那奔你偕"（纳西语"水靠雪来育"），湖靠水来养。从不乱堵水流，从不糟蹋清水，惜水有惶。"金古牡汞蟾没尼"（纳西语"水头不要洗衣服"），"金满三沛绕没嘟"（纳西语"水尾不兴染血污"），纳西人将水视为神圣。虽说"牡含金齿富"（纳西语"不须买的只这点水"），但纳西人认为水是无价之宝，是圣洁的、纯净的。人们常用水比喻清纯的姑娘。这不，纳西嫁女，得在嫁妆中放上一瓶清水，喻自家姑娘如水般纯洁，这就是对水的自然崇拜，人与自然融为一体。河沟里不准乱丢东西，让河沟保持洁净；每年春季挖沟清理河道，让流水悠悠，清水长流，让河塘保持清幽洁净的韵味。

这就是纳西人爱山护山、爱水惜水的美德，是千百年来薪火相传的优良传统。正因为这样，才有玉雪永驻、青山巍峨、小桥流水、杨柳依依，"家家泉水绕诗意、户户垂杨赛画图"的魅力古城，活力新村、佳萌老寨、朴实乡村。

有这样的好山、好水，有这样护山惜水的人们，我能不喜欢这河沟纵横的绿色田野，能不喜欢永远是茂林修的山冈，能不喜欢蓬勃发展、勠力同心奔向未来的家乡？

我深信，丽江永远是美丽的丽江，和谐的丽江。蓝天白云、绿水青山是丽江永恒的主题，这就是纳西人的情愫。

纳西族传统生态道德观的挖掘、传承和弘扬

和一兰

党的十七大报告提出了生态文明建设的目标，十八届五中全会首次把绿色发展作为发展新理念提了出来，十九大报告再次强调要加快生态文明体制改革，建设美丽中国，把生态文明建设摆在了非常重要的位置上。这一切，都是形势所迫，因为我国的环境破坏和环境污染问题越来越严重，已经严重威胁到了人的生存和发展，如果这个问题再不引起全社会的高度关注，将面临发展难以为继的状况。

在丽江纳西族的传统文化当中，有一块非常重要、分量最重，也是最具现实意义的内容，就是生态道德观，从自然崇拜到视自然为人类同父异母的兄弟，到人与自然要和谐相处，再到村规民约，作为一种根深蒂固的观念，已深深植根于纳西全民族之中，并在生态环境保护中发挥了非常积极的作用。纳西族先民在几千年的生存和发展中，一直注重对生态环境的保护，敬畏自然，尊重自然，对自然怀着一种感恩之心，以"欠债""还债"的态度对待自然，充分尊重自然规律，从而给子孙后代留下了非常宝贵的

自然生态财富和精神财富。这笔财富，是无法用金钱来衡量的。

如今，随着丽江旅游业的快速发展和外来人口的急剧增加，其生态环境也受到了极大的影响，丽江古城及其周边的河流不断被污染，玉龙雪山的雪线不断上升，丽江坝子的地下水被过度开采造成黑龙潭等泉眼枯竭……面对这一系列的问题，如何充分挖掘纳西族传统生态观的内涵，并使之得到不断传承和弘扬，让这种优秀的民族生态文化观念在当今社会中继续发挥重要作用，已成为迫在眉睫的大事。

一、丽江纳西族传统生态道德观的内涵

关于丽江纳西族的传统生态道德观，前人已作过不少研究，但大多是穿插在纳西族历史和文化的研究中，很少有专门的研究和系统的梳理。笔者在查阅前人有关纳西族历史和文化的著作基础上，进行了认真的归纳和总结，把纳西族传统生态道德观的内涵概括为如下几个方面：远古的自然崇拜是传统生态道德观的起源；东巴教中的重要祭祀活动之一——祭署是传统生态道德观的外在体现；"人与自然是同父异母之兄弟"以及对自然界"欠债"和"还债"的观念是传统生态道德观的内涵；关于保护自然环境的一些禁忌、村规民约等是传统生态道德观的外延。

二、丽江纳西族传统生态道德观的重要现实意义

进入 21 世纪，丽江的旅游业不断发展壮大，旅游业在给丽江经济社会发展带来极大的生机和活力，极大地提高了人民群众的生活水平的同时，也给丽江的生态环境造成了严重的负面影响。最为突出的是：由于游客人数的极速上升、旅游服务设施的快速

增加和大量外来经商人员的进入，造成对水资源特别是地下水的过度开采和利用，使常年泉水涌流的黑龙潭出现了长时间的断流，所有泉眼枯竭；另一方面，由此产生的大量污水未能完全实现无害化处理，地表水也不同程度地受到了污染，丽江古城河流的水质一度下降到了Ⅲ类、Ⅳ类，有些下游河水甚至是劣Ⅴ类，古城居民直接从河里汲取饮用水的年代一去不复返。被纳西族视为神山的玉龙雪山，随着旅游开发进程的不断加快，上山观光索道规模的一再扩大，上山游客逐年增加，对雪山的生态环境造成了极大的影响和破坏，雪线以每年十米的速度上升，冰川消融，以北半球离赤道最近的雪山而著称的玉龙雪山会不会从地球上消失，成了很多丽江人担忧的一个问题。

面对如此严峻的现实，我们不得不反思：我们优秀的传统文化去哪里了？这些传统文化在现代社会中能否仍然发挥它们的作用？笔者认为，答案是肯定的，纳西族传统的生态道德观在今天仍然具有非常重要的现实意义，传统生态道德观中包含了很多先进的思想理念，是老祖宗留给我们的宝贵精神财富，这些先进的理念可以对我们今天的行为起到重要的指导和引领作用。比如，人是自然的一部分，源于自然，终归自然，要与自然融为一体的理念，可以使人类爱护自然、保护自然成为自觉的行动；人与自然之间的关系是平等的，要和平共处的理念，可以转变人类与自然相处的方式；人类欠了自然界的债，所以人类要感恩自然，向自然还债的理念，可以使人们懂得善待自然，做有益于自然的事；人要崇尚自然、敬畏自然的理念，可以在一定程度上扭转人类无视自然、伤害自然的局面；人要尊重自然、顺应自然的理念，可以唤醒人类自觉遵守自然规律，按照自然规律安排自己的生产生活；等等。

三、传承和弘扬丽江纳西族传统生态道德观的对策和建议

丽江纳西族传统生态道德观是纳西族文化中的一个重要组成部分，也是中华民族生态文化中的精品，它既与中华生态文化一脉相承，又具有自身的独特性，在当今经济社会发展中具有非常重要的现实意义，但是，由于历史和社会的原因，这些优秀的传统文化正在逐渐消逝。作为纳西族的一分子，笔者深切感受到：传承和弘扬纳西族这一优秀的传统文化已经迫在眉睫。当然，这是一项需要长期坚持去做的工作，也是一件关乎子孙万代的大事，要做好这项工作，需要政府、社会、民间团体、专家学者等各方面的共同努力。

（一）积极争取政府的重视和支持，在学校教育中融入传统生态文化的内容

传承和弘扬纳西族传统生态道德观，首先要取得各级政府的重视和支持，在此基础上，从学校教育开始，即从娃娃抓起，把传承和弘扬工作融入学校的素质教育过程中，使民族优秀传统文化走进课堂，走进孩子们的心中。具体来讲，就是在某些课程中适当穿插一些关于本土优秀传统文化的基本知识，尤其突出生态文化方面的内容。

实践证明，一个人的观念形成，往往跟幼年时期的教育有着极大的关系，甚至幼年时期所接受的教育，可以决定一个人一生的人生观、世界观和价值观。所以，从幼儿园开始，可以开展一些有关纳西族传统生态道德观方面的寓教于乐的活动，比如采用表演、儿歌、游戏等形式，让幼儿在得到快乐的同时记住一些通

俗易懂的道理。小学、中学则要进一步强化对纳西族生态道德观的理解和认识,从理论和实践两个方面加强教育引导,理论方面可以在思想品德、地理、历史、生物等课程中,适当地加进去有关纳西族传统生态道德观的内容,实践方面可以通过定期组织学生去丽江古城、黑龙潭、博物馆等地方参观游览,实地感受和了解纳西族先民在生态保护方面的理念和做法,还可以结合打扫卫生、捡垃圾等公益活动,培养青少年尊重自然、崇尚自然的高尚道德情操,使保护环境成为他们自觉的行动。

当然,要使以上设想变成现实,离不开政府的支持,包括政策、资金和人才等方面的支持,比如制定有利于开展素质教育的地方性政策,为学校提供必要的教学设施设备条件,培养和配备专门的师资队伍等。另外,这些做法可以先在几个学校的几个班级作为试点进行实验,通过不断改进和完善,形成经验之后再在丽江市范围内推广,并最终建立长效机制,长期实践,方能取得应有的效果。

(二)广泛整合社会力量,注重宣传和引导,坚持正确的舆论导向,积极营造生态环境保护的良好氛围

丽江具有非常浓厚的文化氛围,这就为传承和弘扬纳西族传统生态道德观打下了良好的基础,有关部门可以充分利用这一条件,结合政府或民间举办的各类活动,以丰富多彩的形式,在全社会中广泛宣传纳西族传统生态道德观,呼吁人们热爱自然、呵护自然、敬畏自然、崇尚自然、尊重自然;相关部门还可以在植树节、世界水日、世界环境日等以环境为主题的纪念日,把纳西族传统生态道德观融入现代环保理念中,组织开展保护环境的活动,发放宣传材料,粘贴宣传标语,运用各种媒体宣传和报道关

于环境保护的相关情况；特别是对新丽江人，更需要加大力度宣传和引导，使他们对丽江本土优秀文化有更深层次的了解，从而增强他们对传统生态道德观的认同感，并自觉去践行它；丽江每年要接待几千万的游客，旅游管理者、旅游志愿者、导游等，都要承担起倡导游客文明旅游的责任，始终坚持把纳西族传统生态道德观的理念贯穿在管理和服务过程中，从文化的角度去感染每一位游客，使游客既能领略到丽江美丽的自然风景和深厚的民族传统文化，又能得到心灵上的一次净化和升华，使文明旅游、绿色出行成为游客的自觉行为；丽江现在已经有几个以传承纳西文化为宗旨的电视节目，比如《说吧》《纳西讲聚营》《可喜可乐秀》《我们的家园》《文化丽江》等，可以在这些节目中多增加一些关于纳西族传统生态道德观的内容，从不同角度、以多种表现形式进行深刻诠释，让这一优秀传统文化走进千家万户，深入人心；丽江讲坛、"天雨流芳"文化讲坛也是传承和弘扬纳西族传统生态道德观的重要平台。总之，只有举全社会之力，才能为丽江市民营造一个传承和弘扬纳西族传统生态道德观的良好氛围。

（三）充分发挥民间团体和家庭教育的作用，使传承和弘扬工作深入群众，植根民间，筑牢群众基础

纳西族传统生态道德观是纳西族先民在生产生活过程中形成的，是人民群众集体智慧的结晶，源于民间，并在民间得到流传，至今仍在影响着人们的生产生活方式。所以，它的根基在民间，只有充分发挥民间团体的作用，鼓励民间文化传承工作者多创作一些贴近生活、贴近百姓的文艺作品，用群众喜闻乐见的艺术表现形式，把纳西族传统生态道德观中"人与自然是同父异母的兄弟"的理念、"祭署"的来历及过程、纳西族在保护水源森林方面的禁忌和村规民约等——呈现给民众。特别值得一提的是，祭署仪式具有非常深厚的群众基础，只有在民间，才能够得到更好的传承，可以在有条件的、东巴文化传承得比较好的一些地方，首先恢复这一祭祀活动，由东巴按照传统的仪式规程，在村寨中进行，请全体村民参加，通过这种正规、严肃、大规模的祭祀活动，强化人们的环保意识。

另外，每一个普通家庭，尤其是纳西族家庭，是传承和弘扬纳西族传统生态道德观的一个重要阵地，也是民间传承的重要形式之一。长辈通过言传身教，有意识地向晚辈讲述纳西族传统生态道德观的思想。在日常生活中，长辈可以用讲故事的方式，给晚辈讲述关于纳西族的起源、纳西族与自然之间兄弟般的亲密关系、纳西族如何敬畏自然，特别是禁忌、村规民约之类等；长辈还要以身作则，按照祖先传下来的规矩办事，不做污染水源、乱砍树木等破坏自然环境的事，还要注意在日常生活中不随地吐痰、不乱扔垃圾，多做有益于自然环境的事，保护水源、植树造林、垃圾收集分类等。

（四）努力汇集专家学者的聪明才智，从理论层次上探索传统与现代的对接问题，为传承和弘扬工作提供理论支持

笔者认为，传承和弘扬纳西族传统生态道德观，还要有理论支持，这就需要汇集专家学者的聪明才智，站在时代的前沿，从理论的深层次上去探索纳西族传统生态道德观与现代社会的联系，实现两者的对接，从而为传承和弘扬纳西族传统生态道德观提供理论支持。当环境问题成为困扰人类生存的一个最突出、最严重的问题时，人类不得不开始关注人与自然之间的关系，人与自然

之间到底应该建立什么样的关系，才有利于人类自身的进一步发展，越来越多的专家学者都在关注和研究这个问题。纳西族的专家学者可以在进一步挖掘纳西族传统生态道德观内涵的基础上，结合现代生态学的最新研究成果，给传统文化赋予时代性，将其转化为一种现代人容易接受的理念加以推崇，为更好地传承和弘扬纳西族传统生态道德观奠定良好的理论基础。比如，纳西族传统生态观中"天人合一""人与自然要和谐相处""人要爱护自然、保护自然""人不能破坏自然、不能污染水源"等理念，是符合生态学规律的，完全可以用现代生态学的理论加以诠释。

结语

纳西族传统生态观源远流长，是朴素、原始的思想，也是纳西族文化中的精髓，同时也是中华民族文化中的精华之一，更是人类文明中一颗耀眼的明珠。作为丽江人、纳西人，我们应该充分认识到它的价值及其重要现实意义，在此基础上积极地去传承它、弘扬它、践行它，为子孙后代留下一方天蓝、地绿、山青、水净的乐土，为人类文明增光添彩。

守护这一片青山绿水
——关于泸沽湖保护管理模式的几点思考

和松阳

泸沽湖环境保护整治工作取得的成效是丽江改革开放30年典型案例之一。在中国文化生态旅游与区域经济发展高峰论坛上，泸沽湖景区荣获"中国最佳文化旅游目的地"称号，接着，在"2008博鳌国际旅游论坛"上获得"国际知名旅游景区"称号，在中国查干湖渔猎文化论坛上又荣获"中国十大生态名湖"称号。凤凰卫视《社会能见度》栏目对泸沽湖的环境保护情况在深入调查采访后进行了专题报道，称誉泸沽湖为我们国家的高原湖泊保护治理树立了一个典范。泸沽湖管委会被丽江市委市政府评为"环境保护整治先进单位"。

在国际国内对环境保护主题更加关注和呼声更加强烈的今天，泸沽湖景区的保护管理成效确实发人深思：是什么样的保护管理模式使泸沽湖景区在经济发展与资源保护的矛盾日益突显的今天，能独树一帜地实现了保护和发展和谐统一？基于这样的思考，笔者深入了解了泸沽湖保护管理的整个历史进程。

位于滇西北高原的泸沽湖，居于金沙江东岸宁蒗彝族自治县北部永宁乡和四川凉山彝族自治州盐源县左所乡之间的丛山之中,海拔为 2685 米,总面积 50.3 平方公里(其中云南境内 30.5 平方公里),湖长 9.4 公里、宽 5.2 公里,湖岸长 44 公里,平均水深 40 多米,最深处 93.5 米,总容水量 19.53 亿立方米,最大能见度为 19 米。整个湖泊状若马蹄,南北长而东西宽,形如曲颈葫芦,故名泸沽湖。

泸沽湖四周青山怀抱,湖岸曲折多弯,共有 17 个沙滩,14 个海湾;湖中散布着 5 个全岛、3 个半岛、1 个海堤连岛。一般高出水面 15—30 米,远看像一只只绿色的船,漂浮在湖面。

1982 年,泸沽湖经国务院审定批准为国家重点风景名胜区。(作为玉龙雪山国家风景名胜区的重要组成部分);1986 年,泸沽湖被云南省政府确定为省级自然保护区;1994 年,泸沽湖被云南省政府确定为省级旅游区;同年 11 月 30 日,云南省第八届人民代表大会常务委员会第十次会议通过《云南省宁蒗彝族自治县泸沽湖风景区管理条例》;12 月,宁蒗县成立泸沽湖省级旅游区管理委员会;1995 年,云南省人民政府对《泸沽湖旅游区规划》作了批复。此前,各级政府相关部门对泸沽湖的保护有了初步的规划和行动,但是仍然缺乏强有力的管理队伍和管理措施。

2003 年 10 月,丽江市委市政府作出了泸沽湖保护和发展历史上的重要决策:决定成立丽江市人民政府直属管理的丽江泸沽湖省级旅游区管理委员会,抽调了一支强有力的工作队伍驻扎在泸沽湖景区,全面开展了泸沽湖环境整治工作。笔者总结思考泸沽湖保护管理模式有如下几点感触:

一、保护整治在污染苗头出现之时

近年来,国内的许多湖泊都有先污染后治理的遭遇,而孕育和保护了人类最后母系文化标本的泸沽湖也一度陷入无序开发的境地，所幸的是当地党委和政府及时作出果断决策，采取有力措施，有效地扼制了污染的蔓延和破坏资源的苗头，保住了这片珍贵的自然生态和人类文化的遗产。

泸沽湖省级旅游区管理委员会的成立为泸沽湖的保护建设发展掀开了新的历史篇章。管委会领导班子临危受命，多渠道筹融资八千多万元，在泸沽湖景区建设环境整治"八大工程"，建设起垃圾处理、污水处理等设施，全面实施环湖截污工程，遏制了污染泸沽湖的苗头。通过三年的环境整治，泸沽湖景区建设了一批以中国科学院"863"工程高原水污染治理示范项目为代表的环境保护基础设施，全面实现了环湖截污和生活污水以及垃圾的集中处理，泸沽湖稳定保持Ⅰ类水质，兑现了不让一滴污水流入泸沽湖的庄严承诺。

与国内近年来频频发生的先污染后治理的案例相比，泸沽湖的环境整治确实是功在当代、利及千秋的工程。

二、科学规划在发展建设之前

为维护泸沽湖环境和资源的完整性，管委会投资两千多万元，高起点高标准科学制定规划。委托省内外资深的规划设计单位在过去编制完成的《泸沽湖省级旅游区总体规划》等基础上，仅用一年多的时间，先后编制完成了《泸沽湖风景区综合规划》和自然保护区、"女儿国"旅游小镇等片区的七个专项规划；委托南开大学经济与社会发展研究院、广东天一文化有限公司等众多机构开展了《泸沽湖景区发展战略》《泸沽湖创意产业开发方案》等项目的研究工作。与此同时，还完成了泸沽湖环境整治"八大工程"

等 20 个项目的科研报告，水土保持方案、环评报告编制及评审工作。为泸沽湖的保护管理和开发建设提供了科学依据，也奠定了坚实的基础。

三、严格审批在项目实施当中

针对景区内出现的民居建筑物乱建乱盖和未批先建的违规现象，旅游区管理委员会召开景区民居建设规划审核工作会议，对符合《泸沽湖景区综合规划》和相关法规要求的民居建设户，在接到农户申请后的 15 个工作日内及时给予批复；对不符合规划要求和未批先建的农户，由旅游区管理委员会和景区管理处作出不允许修建的明确回复，并及时下达停建通知书。通过依法严格民居建设的审批管理程序工作，进一步巩固了在环境整治工作中取得的各项成果，同时也增强了景区群众的法律意识和环保意识，明确了管委会保护景区环境资源、严格依法治理的态度。

四、宣传教育在危害发生之前

大力宣传国家法律法规，加强环境保护知识教育，并对基层行政、执法人员进行法制及环保意识的强化培训，培养和树立景区干部、群众的法制意识和环境保护意识，让景区的群众能知法守法，自觉参与环境保护整治。与此同时，全面公开风景名胜区规划、环境保护规划、旅游区规划的内容和实施措施，让各有关单位、部门和群众对规划有充分的了解，并对规划实施进行监督；利用各种新闻媒体有组织、有重点地宣传报道环境保护整治工作，充分发挥舆论监督作用。慎重稳妥地处理好群众生产生活中的每一项具体工作，加强对群众的思想教育工作，最大限度地避免群体性抵触事件和上访事件的发生，积极维护景区社会稳定，确保群众安居乐业。

五、弘扬崇敬自然保护生态的传统

在调查泸沽湖景区的保护工作中，笔者还发现世代生活在泸沽湖畔的摩梭人对周围的资源和环境从未有过破坏性影响，这样的感觉来自摩梭古村落里至今保留的一棵棵苍天古树以及村落周边完整的自然植被。摩梭人崇尚人与自然的和谐统一，他们对自然有一种崇敬的心理，他们热爱自然感怀山水，在摩梭人的生老病死及重要活动中可以观察到他们是把自然和自己的祖先紧密联系在一起的。比如，摩梭老人去世以后都是火葬，他们相信人死后灵魂会与自然同在，所以把死者的骨灰放在一个陶罐里，用布包好后倒埋在树林里，慢慢地，骨灰就渗进泥土里，寓意"一切回归自然，与山水同在"。

六、走生态文化旅游协调发展之路

在发展旅游的过程中，泸沽湖景区坚持把对生态和文化的保护作为旅游开发的前提。任何旅游项目的开发和相关的建设，都首先最大限度地保护片区自然生态环境，保持原有山溪冲沟组成的片区水系水脉，维持原有山、田、溪、湖相连相融的共生格局；其次是保护摩梭民俗风情和文化传统，即保护好现有原生态村落，注意摩梭精神文化的传承与建设。同时，对现有的景观资源进行梳理，合理开发和有机规划未被利用好的景观潜力，进一步规划景观体系、营造景观节点、突出景观特色，形成"山、田、镇、海"相融如画、自然与人文景观和谐相生的"女儿国"景观风貌。

使科学发展的原则渗透到景区建设发展的每一方面,坚决避免以破坏环境和损害民族特色为代价的无序的利益驱动型开发方式。

调查中笔者还发现,泸沽湖景区以保护促开发,以开发促保护,在保护和发展的统一方面也作了有益的探索。为有效分流游客,尽量减少旅游活动对湖域造成污染,泸沽湖管委会招商引资三十多个亿,将在竹地片区建设一个包括摩梭风情展示、住宿餐饮、娱乐购物、文化体验、游客服务中心为一体的泸沽湖"女儿国"旅游小镇。

美丽的自然风光、神奇的摩梭文化使泸沽湖吸引了众多的国内外游客,泸沽湖景区正逐步走出一条生态、文化、旅游协调发展的特色路子。

近年来,我们经历了洪灾、雪灾、旱灾、地震等严重自然灾害,还看到了滇池、阳宗海等湖泊严重污染后投入巨资治理的无奈。我们不得不重新认识自然,重新审视人类自己,深刻感悟生命比之于自然的脆弱和渺小,而保护自然环境对于人类是多么的重要!我们在深刻反思的同时也感受到泸沽湖景区的保护发展模式不仅仅是发展了旅游和获得经济回报,更重要的是治理和保护行动在污染破坏之前,为人类自己守护了一片原本的青山绿水。

玉龙县林下经济发展现状及建议

张珍荫

林下经济，简单地说，就是指以林地资源为依托，以科技手段为支撑，充分利用林下土地资源和林荫空间，选择适合林下生长的微生物（菌类）和动植物种类，进行合理种植、养殖，以构建稳定的生态系统，达到林地生物的多样性，从而成为林下经济新的增长点，为农民增收致富开辟新路子。发展林下经济，不占用基本农田，能很好解决经济作物与粮食争地的矛盾。同时，在巩固退耕还林成果、林业产业、水土保持、生态环境建设方面都有一定的积极推进作用，并取得了较好的成效，真正做到"发展产业，生态优先"，达到生态保护效益和林农经济效益双赢的目的，符合玉龙县国家主体生态功能区建设。

一、现状

当前，玉龙县利用得天独厚的生态资源优势和早期低龄林地、退耕地等，发展林下经济。截至2014年，玉龙县发展林下经济面积16.2万亩，林下经济实现总产值5.87亿元（含森林景观利用）。玉龙县被中国林业产业联合会授予"中国林药之乡"，并于2015

年7月被国家林业局纳入首批128个"国家林下经济示范基地",入选"全国休闲农业与乡村旅游示范县"等。目前出现了鲁甸乡为核心的林下药材开发,全县参与林下资源采集,以拉市、玉湖、老君山为代表的森林观光旅游,金稞农场为代表的林下养殖。

玉龙县林下经济发展模式主要有以下六种。

林药模式,即在林中空地上种植、林下间作喜阴的中药材的经济模式。由于玉龙县山高谷深,立体气候明显,中药材资源十分丰富,该模式成为玉龙县林下经济普遍的、主要的发展模式。常见核桃+续断(桔梗、附子、重楼、白芨、珠子参、秦艽)等。

林畜模式,即利用林地资源,选择适合的家畜、家禽在林下养殖的林下经济经营模式。如丽江金稞乡村旅游观光农场,林地经过森林抚育后,建立了林下养鸡场、养牛场及梅花鹿特色养殖场。

林菌模式,即在林下种植食用菌的一种林下经济发展模式,目前在玉龙县较为常见的是林下种植羊肚菌。

林蜂模式,即在林下养蜂的经济发展模式,目前在玉龙县九河乡、石鼓镇、龙蟠乡等广泛开展。

林粮间作,即在林下间作矮秆作物的经济发展模式,如油橄榄+玉米、油橄榄+小麦、油橄榄+工业辣椒、核桃+魔芋、核桃+玉米、核桃+烤烟等。这一模式在玉龙县油橄榄种植区、核桃种植区广泛应用。

林草间作模式,指油橄榄与其他有经济效益的草间种的模式,如油橄榄+摸摸香(香叶天竺葵)、油橄榄+迷迭香等。

二、问题

在发展林下经济过程中,取得了一定的成果,但也出现了以下问题：

（1）各级政府支持力度不够，没有可操作性强的扶持措施和政策引导，难以找到林农自主经营权与林地保护之间的结合点。

（2）融资困难，林地流转少，规模化经营难于实施，影响了农户开展林下经济的积极性。资金短缺仍是农户投资林下产业的瓶颈。

（3）林下产业规模小、散，带动性不强。

（4）技术支撑力度不够。

（5）群众对林下经济项目认识不到位，认知面少，盲目效仿、一哄而上的现象较为普遍，容易造成毁林开荒。

（6）边远山区由于交通、信息相对滞后，又缺乏有效的市场渠道，产销脱节，市场动态难以把握，一定程度上增加了林下经济的发展成本，影响了农民的经济效益，造成农户对收益预期信心不足。

（7）林区水、电、路等基础设施薄弱，一定程度上影响了企业和林农发展林下产业的积极性。

三、建议

（1）制定扶持政策。县委政府出台促进林下经济发展的相关政策和措施，加强对林下经济的引导和监管，实现既保护森林资源，又有效增加农民收入的双赢效果，实现"绿水青山就是金山银山"。

（2）编制林下经济发展规划。根据玉龙县的自然条件、林地资源状况、经济发展水平、市场需求情况、林下产品适生性等，科学制定林下区域经济发展规划，因地制宜，适量、适度、合理发展特色林下经济，避免盲目跟进、一哄而上，贪大求全。

（3）制定林下经济相关机制。发展林下经济涉及林业、农业、畜牧、旅游等单位，一要建立协调机制；二是各部门应结合自身的行业标准,制定林下经济技术操作规程。

(4)拓宽融资渠道。增加对林下经济发展的投入,设立林下经济发展专项资金,积极争取国家及省级财政专项扶持资金,加强落实林地流转政策、林权抵押贷款政策等,解决农民发展林下经济融资难的问题。

(5)发展林下经济与扶贫攻坚相结合,加大林区基础设施建设力度。推进全市扶贫攻坚工作,农民增收,实现如期脱贫的同时,保护森林资源。

(6)按照"生态建设产业化,产业发展生态化"的发展思路,各种林业发展项目与林下经济相结合,优先选择助农增收、潜力大的核桃、花椒、青刺尖、油橄榄等木本油料,并鼓励开展间作,达到以短养长,弥补早期收益少的不足。

(7)加强科技支撑,突出重点,规范技术操作,做到保护—开发—再保护—再开发的良性循环,进而更好地保护林地和实现良好的经济效益。并指导林农发展林下经济,开展培训,提高林农的科学种植水平。

(8)林下种养殖项目在示范的基础上,加强推广和应用。对效益好、管理规范的林下经济示范基地给予重点扶持,尽快建成一批规模大、效益好、带动力强、具特色的林下经济示范基地。同时,总结经验,并及时推广好经验、好做法,充分发挥典型引路、示范带动的作用,以带动农民积极开展林下经济活动。

(9)发展林下经济有很强的不确定性,所以在实施过程中,尽量按市场要求运作,既要发挥地方优势,又要注重市场变化。支持物流配送、电子商务、农超对接等现代流通方式向林下经济产品延伸。

玉龙县金沙江干热河谷区种植发展油橄榄的几点思考

张珍荫

一、玉龙县金沙江干热河谷区油橄榄种植概况

油橄榄，别名齐墩果、洋橄榄，属木樨科，常绿乔木。油橄榄是名贵的木本油料兼果用树种，是重要经济林木。橄榄油是油橄榄鲜果直接冷榨而成的天然食用植物油，营养丰富，抗氧化性较强，产品用途广泛，是世界上公认的"植物油皇后""液体黄金"。

玉龙县金沙江干热河谷区域小气候多样，光照充足，土壤呈微酸性到中性至微碱性，根据油橄榄的生态学特性，该区域非常适宜油橄榄的生长发育，是油橄榄的一级适生区，发展油橄榄种植的自然条件得天独厚。油橄榄适合在干热河谷生态脆弱区域种植，不仅能产生较高的经济效益，农民因此增收，又能产生生态效益，起到生态修复作用，改善生态环境。

为此玉龙县在产业结构调整、发展生态产业过程中，结合实际，在玉龙县金沙江干热河谷区种植了油橄榄。到目前为止，全县发展油橄榄4.78万亩，涉及7个乡镇，已成为云南省最大的油

橄榄基地，部分油橄榄品种已进入初果期，产生了一定经济效益。

二、存在的问题

（1）油橄榄造林难度大，不同于一般的荒山造林，单位造林投入大，约需要3500元/亩。玉龙县油橄榄种植区域为玉龙县金沙江干热河谷区，立地条件差，生态恶劣，生态环境十分脆弱。金沙江及支流两岸地形陡峭、坡地面积大、植被覆盖率低、表层土壤的有机质流失很大，这里的土壤贫瘠、保水保肥能力差，地质条件极不稳定，且对长江流域中下游存在直接影响。

（2）该区域内群众生产生活水平低，所以在油橄榄发展过程中，自身造血功能低，投入能力差。

（3）由于油橄榄生长周期长，初果期需3—5年，见效慢，其间林农往往疏于管理，发展积极性不高。

（4）金沙江干热河谷地区的生态环境恢复工程难度大，科技支撑和科普宣传不足。如由于林农缺乏油橄榄病害的预防知识，油橄榄果发生炭疽病，未能采取及时有效措施，致油橄榄提早落果，果品质量下降，鲜果损失40%。这在某种程度上影响了油橄榄产业的发展和林农的种植信心。

（5）油橄榄属于特色经济林，种植方法较一般农作物复杂。而林农仅用农作物的栽培管理方法种植发展油橄榄，没有规范化管理，油橄榄出现缺素症、生长缓慢、树势差、结果晚等状况。

（6）油橄榄主栽品种比较单一，仅为佛奥、鄂植8号，出现了授粉配置不合理、抗病性差、品种搭配不当等问题，严重影响了油橄榄产量和林农收入。

（7）根据油橄榄生长发育的特点、水分需求规律，油橄榄需水最多的时期是花芽分化期、开花坐果期及果实膨大期,约占全年总需水量的70%。当地缺乏水利设施,导致油橄榄灌水时期缺水,影响了油橄榄的发育,造成油橄榄只生长,不结果。

三、几点建议

为使油橄榄产业健康有序的发展,做到种植一片、成活一片、见效一片,使其成为玉龙县脱贫致富、新的经济增长点,并让金沙江干热河谷区披上绿装,改善长江上游的生态环境,建设生态安全屏障,笔者有以下几点建议:

(1)各级政府要加大对玉龙县油橄榄产业的资金扶持力度,将玉龙县油橄榄产业作为县域经济发展重点项目进行扶持。

(2)制定《玉龙县金沙江干热河谷种植发展油橄榄规划》《玉龙县油橄榄产业发展实施意见》,明确政策措施,保障油橄榄产业做大、做强。

(3)加大科技支持力度。金沙江干热河谷地区的生态环境恢复工程难度大,科技的支持在油橄榄的可持续发展中极其重要。一方面因为自然环境恶劣,原生植被恢复能力差,另一方面栽种合理的植被需要各方面专家的长期研究和实践,既要有利于生态环境保护,又要考虑该区域农民的增收和经济发展。因此,注入科技人员力量,加强技术攻关,解决油橄榄生产加工中的技术难题和关键性问题,如高接换优、水肥管理、授粉树种的选择和配置、提高坐果率等油橄榄科学种植、提质增效技术,是十分必要的。

(4)在玉龙县金沙江干热河谷区发展油橄榄种植与退耕还林、石漠化治理、陡坡地治理等相结合的项目。

(5)修建和改善水利设施。一是修建新水利设施;二是在采取提灌、集雨灌溉等方式改善灌水条件，完善渠系设施。

（6）开展油橄榄种植区内间作。油橄榄园内进行间作是一项简单易行、花工少、收效快、好处多的土壤管理措施。新定植的幼龄油橄榄园（包括嫁接苗），一般需要三年以后才有经济效益。利用油橄榄树行间种植收益快的作物，可以短养长，弥补新油橄榄园早期收益少的不足。通过间作，对作物施肥、灌水及土壤耕作，可以改善土壤的通透性，减少土壤养分流失，抑制杂草生长，提高油橄榄园土壤的肥力和含水量，有利于油橄榄树的生长发育和提高产量。

间作中，一是要注意确定间作物的种类必须因时、因地制宜，既要考虑到经济效益，又要不影响油橄榄树的生长，间作的作物种类一般为矮秆作物，以豆科植物为佳，不能选用薯类、花生等作物，避免油橄榄根结线虫的发生；二是要注意间作中充分考虑油橄榄生长所需的光热条件，留足植株的树盘空间，大小约二平方米，以减少植株间争肥、争水、争光能等矛盾。

（7）林农是该区域油橄榄可持续发展的核心，本地区山区面积广、贫困人口多，农本思想根深蒂固，应大力开展油橄榄种植技术、水肥管理、修剪、清园、树干涂白及病虫害监测、防治等规范化种植培训，培养一批具有一技之长的"土专家"，确保油橄榄向规范化、规模化、产业化方向发展。在油橄榄种植发展中，形成讲科学、爱科学、学科学、用科学的良好氛围，为脱贫致富、生态文明建设打下坚实的基础。

（8）选育出适应玉龙县金沙江干热河谷区自然环境、性状稳定、品质优良、高产的油橄榄良种。同时，在现有种植的品种中，加强调查监测，确定相应的主栽品种，加以种植和推广。

略谈丽江水环境的变迁及其对策

和成钧

水是人类赖以生存的三大要素之一,水环境的变迁牵动着每个丽江人的心。当人们面对黑龙潭泉水断流,原本清澈见底的玉河水已有污染的迹象,曾经的"高原姑苏"、小桥流水从人们的视野中慢慢淡出,许多丽江人从内心发出非常遗憾的感叹。那么,曾经非常美丽、水网纵横交错、处处鱼跃蛙鸣的高原水乡是怎么消失的呢?

记忆中的高原水乡

笔者在《丽江原住民初探》一文中说过,丽江坝原来是一个极其美丽的高原湖泊,只有很少的濮人居住在湖周边的半山腰上,过着非常宁静的渔猎生活。直到唐代叶古年率领的麽些人到达这里后,才开始对这片红土地的开发利用。到明朝,曾经的高原湖泊已变成水网纵横、沟河交错、稻花飘香的丽江坝子了。

20世纪50年代初期笔者刚能记事时起,整个丽江坝子到处都是高原水乡的景象。那个时期丽江坝周边的高山草甸,还保留着原始生态,满山遍野都是茂密的原始森林,每到雨水季节,清澈的山水奔流而下,许多山村里的水磨坊也开始繁忙起来,利用这个季节加工粮食。从雨水下地到山水下坝大约可持续半年左右，滚滚而下的山水足以推动一两盘中小型水磨。那时整个丽江除黑龙潭有座微型发电厂，可以点亮专署的八个灯泡外，整个坝区都还没有电，什么磨面机、碾米机、脱粒机等机器都还没有，粮食加工全靠水磨和水碾。整个丽江坝区凡有水利条件的村子都有水磨坊和碾坊。山水通过大小沟渠流入丽江坝。东坝子有两条较大的河流，一条叫东山河，一条叫漾弓江，50年代中后期又修了开南河、长根河。这些河流从北向南，穿过整个东坝子，在坝子南部与漾弓江汇合。在丽江古城附近主要以清溪水库和黑龙潭的玉河水为主，到雨季有白沙下来的三束河水，西坝以青龙河为主，还有东界河、漾弓江等。这些水系都由新中国成立后修建的团山水库、清溪水库、中济水库、文笔水库等中小型水利设施相调节，形成丽江坝子水系的主干渠。同时，在整个丽江坝有数不清的沟渠纵横交错，形成水网，如同人身上的毛细血管，为坝区的庄稼输送水分。靠坝子周边的沟渠旱季无水，一到雨季就沟满水溢，而坝中央的沟渠四季都有水，像西坝的白华、东坝的金山开文一带水沟大而深，四季都蓄满了水。因此，整个丽江坝可说是水网纵横。20世纪50—80年代，丽江坝一直种植水稻，每至插秧季节，万顷稻田都蓄满了水成为水域，还有为数不少的秧田一年四季都不离水。每当雨季东坝子南端几乎都被水淹没，有的年份雨水来得早，小麦尚未收完山水就来了，一直被淹到下年小春播种，形成高原坝区独特的水环境。

良好的环境造就了优质的水产品。丽江坝的鱼虾很丰富，丽江人也特别喜欢捉鱼摸虾，夏秋季可垂钓，冬季可戽水抓鱼，春季还可在干沟里挖泥鳅和鳝鱼。总之，那个时期的丽江坝，一年四季都可用不同的方法捕鱼拿虾。田坝里还有数不尽的田鸡,所有山箐河流都有蛙类繁殖栖息。这幅高原水乡的风景画,永远保留在笔者童年的记忆里。

"高原姑苏"正在消失

曾几何时,把丽江誉为"高原姑苏",是名副其实的。如果时光退回20世纪50—80年代,丽江坝大多数河流的水都是清澈见底的,新中国成立后修建的所有水库蓄水量充足,且水质优良,河里、水库里都有自然生长的鱼虾。清溪水库和黑龙潭水系水质优良,是流经丽江古城的主要水系。丽江古城因水而美丽,因"小桥流水,户户垂柳"而誉满神州。从清溪水库到黑龙潭的珍珠泉,所有泉眼都永不停息地冒出清泉,从黑龙潭往玉河流淌的水如同珍珠玉液一般,晶亮透明,沁人心脾,流经古城的水在翠绿的水草上缓缓往下滑动,两者浑然一体,显得格外动人。当玉河水穿过古城的千家万户,扮靓了古城的每个角落,给这座古老的城市带来灵动的同时,也给居民带来生活上的便利——当年古城里的居民直接饮用玉河里的水。难怪古今丽江文人墨客都把玉河里的水比喻为玉液,说明了甘甜清洌的玉河水在丽江人心目中的地位。

然而,曾经让人流连忘返的高原水乡的环境,在无声无息中慢慢恶化,美丽和谐的高原水乡风貌正在人们的视野里消失。最直观的是黑龙潭山泉已断流多年,尽管古城景观用水尚未中断,但水质和流量较以往已相去甚远,坝区很多河流水量明显偏少,失去自净力,并有被污染的趋势。丽江坝的主要河流漾弓江遭受的污染更为严重,最大的污染源南口造纸厂早已关闭,但河水至今没有变清,河里的鱼也不能食用。

出现上述问题的原因是多方面的,但归结起来主要有以下几个方面:最早的丽江坝区水量减少不是干旱所致,而是在长期的无序采伐中,森林植被遭受前所未有的破坏,特别是丽江坝周边面山水源林的采伐,导致自然生态至今没有恢复。经多年严格管护,山又重新绿了,但幼小的林木尚难以有效地发挥涵养水源的作用,形成雨季山水断流、泉眼水量减少的现状。山水断流使很多河流的径流量减少,直接影响水库的蓄水量。这是改变丽江水环境的第一大因素。

农民不种水稻,是坝区水域减少的又一重要原因。降雨除降雨云带来的水气,还要靠地面水体的挥发,也需要地表植物的蒸腾。从20世纪80年代以来,丽江坝子的水稻种植面积逐年减少,到90年代就基本无人种植了。原来的水田全部变成了旱地,水域面积大量减少,本该有水的沟渠都没有水了。

快速的城市化进程,是水环境变迁的另一重要原因。古今中外,较大的城市都建在大江大河或大海边,因为城市需要大量用水。过去丽江的城市只有古城那一点,现在整个西坝都几乎变为城市了,曾经世代耕种的田地,在20年间已变为高楼林立的新城区。所有的街道、房顶都已硬化,能吸收雨水的绿地越来越少。特别是旅游业成为丽江的支柱产业后,宾馆酒店如雨后春笋般兴起,在城镇人口大规模增长的同时,来丽游客也逐年递增,现已达到3500万人次/年的水平。城市用水与日俱增,除饮用水外,城里所有的公私厕都要用水,特别是宾馆酒店客栈及餐饮业用水量巨大,给供水部门带来前所未有的压力。有些经营者为减轻供水压力,钻深井抽取地下水,以保证宾馆酒店客栈的正常运营。在此情况下,丽江坝子的地下水位迅速下降,而每年雨季的降水因城市硬化而快速流失，无法渗透到地下，黑龙潭泉因此而干涸多年不能复出，相关部门不得不引入拉市海和白水河的水来缓解古城的景观用水紧张。纵观历史，黑龙潭水因干旱而枯竭的年际也不少，古籍都有记载，但干涸一年半载后多能复出。20世纪80年代初那次严重干旱，致使黑龙潭泉水干涸长达三年之久，城里的河水全部断流，往日的小桥流水景观丧失殆尽。丽江人为此忧心忡忡。三年后的1985年，黑龙潭甘泉复出，所有丽江人无不欢欣鼓舞。然而，2010年以来，几乎每年都出现断流的现象。新近的断流从2015年到2018年长达1298天之久。这些都是丽江水环境变迁的主要原因，既有人类活动带来的因素，也有大自然变化造成的结果。

丽江坝水资源危机

只有详细了解丽江坝可利用的水资源情况，才能有效掌握丽江城市缺水的程度，并拿出应对之策，从根本上改善丽江坝区的水环境，确保城市用水。

丽江坝的主要泉源是灌溉农田及城乡人畜饮水的一大来源。据史书记载，丽江坝周边共有23股山泉，其中流量较大的有黑龙潭，流量为1981升/秒，其次为清溪，流量为710升/秒，其余流量均在10.27—292升/秒之间，总出水量可达4425.33升/秒。但因黑龙潭泉水断流，丽江坝的泉源总出水量几乎减少了一半。而且这些山泉都分布在坝子周边村庄所在地，绝大部分成为村民农田灌溉用水和人畜饮用水，能引入城区的较少。

丽江坝的主要水库，是城市用水的主体水源。有团山水库，于1958年"大跃进"时期修建，径流面积24.6平方公里，总库容

784万立方米；清溪水库，径流面积0.75平方公里，总库容量103万立方米；中济水库，径流面积6平方公里，总库容量119万立方米；文笔水库，径流面积4.3平方公里，库容765万立方米。以上4个水库总径流面积35.65平方公里，总库容量1771万立方米。

另有玉龙雪山5000米以上终年积雪的冰川山体面积22.5平方公里。据有关部门测算，每平方公里约有5000万立方米固态水，整个玉龙雪山共约有冰川固态水11.23亿立方米。每年夏季，部分固态水融化，成为玉龙雪山周围河流泉潭的主要水源。但融化的固态水只有少部分能流到丽江坝。近年来冰川明显退缩，固态水融化量也相应减少。

丽江市地下水总储量为28.08亿立方米，占总水量83.55亿立方米的33.6%。丽江坝断面地下水径流11532吨/日，年径流量420.918万立方米。近20年来的过度开采使用，使地下水储量明显减少，这也是黑龙潭泉多年断流的原因。

丽江坝总面积198.63平方公里，平均海拔2400米，耕地面积13万亩（1990年以前数据），年降雨量在800—1000毫米之间。据丽江市气象站观测记载，1963年降雨量达1213.3毫米，而1983年降雨量仅648.1毫米，年际相差565.2毫米。1996年丽江机场建成通航后，航行对降雨造成一定的影响。过去文笔山的雨很快能越过坝子到达东山脚，而今能越过坝子的雨越来越少，要经西山绕到东山方能降落。由于年降雨量明显偏少，对高原坝子的水量补充也明显减少。以上这些数据都是1990年以前的，现在发生的变化可能更大了。丽江坝水资源的存量，与今日城市发展的规模和人口总量需求并不相匹配，并成为影响城市建设和旅游业发展的短板。

再现高原水乡美景,人们翘首以待

丽江能否再现高原水乡美景,让正在消失的"高原姑苏"美誉实至名归,让小桥流水、户户垂柳的景色再现于丽江古城,这不仅是丽江人民的企盼,也是丽江城市建设和旅游业持续健康发展的需要。只有以务实的态度、长远的眼光和创新的思路,未雨绸缪,认真谋划改善丽江坝的水环境,才能从根本上解决水资源的危机问题。

笔者认为,要改变丽江城市缺水的现状,可采取以下措施:

一是实施金沙江提水工程,这是改变丽江城市缺水的最佳选择。其实,丽江还是水源富集地,金沙江流经市域 615 公里,年平均径流量 1541.9 立方米/秒,年平均过境水量 440 亿立方米。其中古城区和玉龙县过境 447 公里,集水面积 7016.6 平方公里。据石鼓水文站 1952—1979 年观测资料,年均流量 1327.8 立方米/秒,年平均径流量 419.2 亿立方米。属于金沙江水系的河流共 11 条,年径流量达 15.7 亿立方米。如此富足的水资源在全国所有地级市里也并不多见。只是水在低处流,人在高处住,形成眼见滔滔江水流,却得不到一杯烧茶水的局面。要改变这种局面,最有效的办法就是实施金沙江提水工程。如能在龙蟠、金安建成两座提水工程,龙蟠方向的可直接补入拉市海,再引至丽江坝的水库,金安方向的可直接补入团山水库,经净化后作为城市供水。这是解决丽江坝总水量不足的根本措施,也是解决丽江城市供水的百年大计。

二是地下水回灌,这是修复地下水生态的重要手段。笔者曾两次去山东济南,2000 年第一次去济南时,著名的泉城景观早已消失,趵突泉滴水不流变为枯泉,但 2006 年第二次到那里,泉城美景又展现在眼前,给这座城市带来新的生机。据当地导游介绍,该市除采取严格的地下水保护措施外,通过地下水回灌,恢复地下水生态环境。济南修建地铁,也对泉源敏感区进行了重点保护,这些都是我们可以借鉴的经验。在丽江城区严格禁止擅自开采地下水的同时,用金沙江提取的水部分回灌地下,恢复地下水位,为黑龙潭泉水复出创造条件。同时,还要严格保护黑龙潭周边的敏感区。黑龙潭山泉如能复出,整个玉河水就会变清,古城水系就会明显改善,"高原姑苏"、小桥流水的美景就能重现古城。

三是建立湿地。丽江坝曾经拥有的纵横交错的水网,因城市建设的快速发展而消失,对丽江而言,这是湿地的消失,可在北坝的白沙,西坝的中济、白华、祥云,东坝子南端划出部分田地作为湿地。湿地可调节水分平衡,并通过水分循环改善局部气候,湿地植物还能吸收水里的有毒物质,净化水质。近年来国家下大力加强湿地保护,并取得明显成效,对恢复改善自然生态环境发挥了重要作用。我们可以顺势而为,充分利用现有的大小塘坝沟渠,把平时不用的水和雨季的降水积蓄起来,扩大湿地面积,对改善丽江的水环境可发挥重要作用。

四是逐步实施海绵城市建设。这是国家倡导的未来现代城市建设新模式,目前已在一些城市进行试点,先行先试,取得良好效果。这是未来现代化城市建设的必由之路,也是改善城市水环境的重要途径。

水是城市的命脉,是维系城市兴衰的关键所在。丽江的城市建设将越来越美丽,"绿水青山就是金山银山"的理念越来越深入人心,恢复再现丽江"高原姑苏"水环境,是时代的呼唤,也是人民的企盼。

丽江最早走向世界的是什么

杨树高

生物多样性是地球生命经过几十亿年发展进化的结果，是人类赖以生存和持续发展的物质基础。

可以说保护生物多样性就等于保护人类生存和社会发展的基石，实际保护人类多样性的基础，保护生物多样性就是在保护人类自身。

如今世界的生物种类正在以每小时一种的速度消失，而物种一旦消失，就不会再生。就像每个人的生命，失去就不可重得。到 2000 年地球上 15%—20% 的物种已消失，这不是危言耸听，可悲的是这种灭绝速度是自然状态下的 1000 倍，谁是罪魁祸首？是人类自己！

在丽江境内从大具虎跳峡口至鸣音洪门口 150 公里的金沙江两岸，遗存着大量的岩画，那是丽江万年前的文化遗存，其主要内容就是描绘了大量的野生动物形象，大者身长二三米，小者身长则三四厘米，它们有的独立孤行，有的成群结队，构成了一幅幅活生生的群兽行居图。如今在金沙江两岸再也见不到它们的行踪。

在我的家乡——玉龙县鲁甸乡新主村，整整一座山都是古生物化石，据专家初步考证，它们是至少四百万年前的野生动物，不是单一的生物化石，而是群体动物化石，有五十余种。如今在我的家乡，再也见不到它们的身影。

你不会相信，在明代，白沙壁画旁古木参天，老虎还在那里悠然行走；你不会相信，也是在明代，木氏土司赶着象群到藏区迎请大宝法王；你不会相信，在20世纪50年代，在丽江古城可以听到金虹山上的狼嚎声，在狮子山上的古柏树上有仙鹤飞落；你不会相信，在20世纪80年代，老熊从山上到地里吃苞谷、到家里掏蜂蜜……

丽江是滇西北生物多样性最集中的地区，也是"三江并流"世界自然遗产的核心区。它属于东亚植物区的横断山区，植物区系组成丰富，垂直分布明显，地理成分复杂，地理联系广泛、特有现象突出，在这里采集到的植物新种约1500种，其中国家级保护植物33种、省级保护植物37种，容纳了中国8.5%的珍稀濒危植物种类，药用植物约500种，仅玉龙雪山一带的植物种类就有2000多种，而且有明显的垂直分布规律。

丽江是全球生物多样性的十大热点地区，也是中国种子植物的三大特有中心之一。丽江很多独有植物，且以"丽江"命名，如丽江铁杉、丽江蔷薇……

《东巴经》中就记载了"人与自然是同父异母的兄弟"，并信奉"万物有灵"，在《东巴经》中记载的花草树木的神灵就有一百余种。这里每年都要举行最隆重的"祭署"（祭自然神）仪式，人们将对自然的"感恩"和"赎罪"作为终生的功课，认为"人与自然和谐相处"是世世代代的终极目标和追求。

如今很多人说丽江是"世界的丽江"，但又有多少人知道世界因何认识丽江？丽江如何走向世界？丽江最早被赋予的美誉是什么？是丽江的植物最早走向世界！世界最早给丽江的美誉是"植物王国"！

有史可考最早来丽江的法国作家保尔西，他于1873年来华旅游到丽江，在其著作《宇宙》中记述了丽江的植物资源和自然景观，最早向世界发布了关于丽江的信息。1883年，法国天主教神父特拉佛到滇西一边传教一边采集植物标本，在丽江采集数以千计的植物标本和籽种，直到1890年才回国。1894年，法国天主教继派杜各洛在云南12年，他到丽江采了大量高山植物陆续寄回国内。1895年，法国人叔里欧在丽江采集七千多号植物标本送回国内，同年，法国天主教神父孟培伊也在丽江采了大量标本寄回国。他们采集的标本经法国植物、园艺界研究、实验后发表了很多学术成果。尤其是法国自然历史博物馆教授浪休在研究中发现丽江很多植物新种类和珍稀植物数百种，这些研究成果的发表，使丽江植物资源的丰富程度更为世人所知，从而吸引了更多的植物学者前往丽江。英国爱丁堡植物园园长包尔福看到这些研究成果后认为，"云南西北部的高山植物，对英国园林建设最有生成希望"，克服经费不足等困难，派该园标本室助理付利斯来丽搜集植物品种，输入英国国内栽培繁殖。1904—1930年，付利斯先后七次到云南，其中大量时间在丽江，共采集十多万份标本，六千多种植物、籽种种球根数千斤。这些成果现陈列于苏格兰皇家博物馆，供研究、展览。英国很多庭院盛行栽培云南高山花卉，其园林中的许多花木来自丽江。各国植物学家对来自丽江的植物资料进行广泛研究，发现了很多新种变种，以丽江的山、水地命名的植物就达百余种，丽江是"植物王国"被世人所公认。1914年，奥地利维也纳自然历史博物馆派马吉到丽江考察植物地理，采集标本万余号，1918年回国后他潜心研究，发表了大量著作，成为"研究丽江植物地理的鼻祖"。1914年，美国哈佛大学派喜纳特赴云南，在丽江采集高山植物标本近万号、籽种数百斤。人们所熟知并被誉为"纳西学之父"的洛克，首先是一个植物分类学家，他到丽江的初衷也是收集植物标本，但无意中又发现了一个历史文化的古王国，从而有了28年乃至终身的丽江情结。

我国植物学家来丽调查植物资源，始于1932年，当时北平静生生物调查所派蔡希陶率队来滇西做大规模调查，他派助手到丽江工作三年（1935—1937年）。之后，该所再派王启至、俞德浚到丽江采集。其中俞德浚在国内植物学界开创了"国人在滇采集的新纪录"，还著有《丽江植物志》（手抄本）。1938年，该所为了长期调查云南植物资源，与云南省教育厅联合组建云南农林植物所，并派秦仁昌、冯国楣率部在丽江设工作站。工作站在丽江开展调查研究，采集标本15万号，还详查丽江滥伐森林严重浪费林木状况，向中央政府农林部作专题报告。1942年6月，农林部在丽江设金沙江流域国有林管理处，任命秦仁昌为处长。秦仁昌从此在丽江八年，不仅做了大量保护森林资源的工作，还取得了卓著的研究成果，向世人更全面细致地介绍了丽江及滇西北奇特而丰富的植物资源，他尤其肯定了西欧国家派人来丽调查植物所作出的巨大贡献——使丽江成为世界植物学家公认的"植物宝库"。新中国成立后，关于丽江生物多样性的研究探索还在继续进行，并不断取得新成果。

生物多样性是大自然对丽江的最大恩赐，也是丽江需要为人类承担的最大责任。2008年2月21日《滇西北生物多样性丽江宣言》发表，这是丽江对世界的庄严承诺。

踏遍青山人未老 风景这边独好
——一位植物学家与新主天然植物园的 40 年情结

杨树高

  山上一棵大树，默默生长了数千年，人们将它称之为神树；山脚一个村落，人们在这里居住了近千年，村中产生了世人公认的一代"东巴王"及东巴大师，并在这里形成近代东巴文化发展的最高潮，从而它又是名副其实的"东巴之乡"。从清朝末年至今，这里留下了很多中外植物学家的足迹：李霖灿在丽江四年，在这里足足生活了八个月，这段时光不仅成为他一生最美好的回忆，而且也为他后来丰硕的学术成果奠定了坚实的基础；纳西族第一位女诗人、女作家赵银棠 20 世纪 40 年代也曾经在这里驻足流连，在其著作中留下对它的真情赞美……

  一位植物学家无意间走进了这片土地，他把 40 年的情感、心血和智慧倾注于此。人生能有几个 40 年？40 年魂牵梦绕于这里，那该是一种什么样的情结？这位植物学家就是中国科学院昆明植物研究所教授周弦。

1964年：云深不知处，误入此山中

风华正茂的周弦萌发了一个想法：要在这里建立"横断山天然植物园"。

1964年，受吴征镒派遣，周弦到滇西北一带进行植物考察。行至维西与丽江交界处的立地坪，车子发生故障，周弦一行人在地图上找到了离此最近的一个村庄——新主，便弃车而行，穿过茫茫森林，向新主方向挺进，途中经过现在的植物园。犹如陶渊明笔下的渔人发现了世外桃源，仿佛哥伦布发现了新大陆，如此完整的生态，如此丰富的植物，特别是很多珍稀植物在这里还成片成林。踏破铁鞋何处去寻这样一个天然的"植物宝库"，他们欣喜若狂，出于对自然和科学的执着和热爱，更出于职业性的敏锐和感悟，"天然植物园"的概念第一次在他们的脑海中浮现，而且发誓要成为创建者，乃至成为这里的主人。

他们放弃了其他安排，在无法与外界取得联系的情况下只身来到村中，住在村民杨树春家，受到杨家的盛情款待。周弦等起早贪黑马不停蹄到山上考察，用了七天时间，才依依不舍匆忙赶回昆明植物研究所，并写了第一份关于建立天然植物园的建议，引起领导和同事的广泛关注，也一度列入相关部门的重要议事日程，但由于当时很多条件受限，无法付诸实施。后来，周弦到深山老林去研究天麻，成了"天麻人工栽培之父"。

人生代代无穷已，山林年年只相似。白云片片去悠悠，不知山林待何人？已识此山真面目，却缘身在此山外，"植物园"在山中静静地等了二十年，周弦的愿望和理想搁浅了二十年，但是这里的美丽景色，这里的一草一木已深深地定格在了他的脑海心海里。

1985 年：心远地不偏，但使愿无违

已年近六旬的周弦率考察队再次踏上这片土地，完成第二份《建立横断山天然植物园意见书》。在丽江组织召开的专题会上，和万宝大声疾呼："建不成横断山天然植物园，我死不瞑目。"

1985 年，改革开放的春风吹遍神州大地，受聘于中国科学院生物学部参与制定我国生物学 2000 年远景规划的周弦，完成此项工作后，回到昆明植物研究所。一回到昆明他就为建立"植物园"到处奔走呼号，得到了相关单位的大力支持，更得到了当时在云南省民委工作的和万宝的鼎力相助。云南省植物学会派出陶德定、吕正伟等专家带着一批研究生，与丽江地区、丽江县相关部门组成调查组，由周弦教授带队进驻新主，进行了长达一年的实地考察，采集了两套比较完整的植物标本（分别现存于昆明植物研究所、玉龙县林业局林科所），完成了《建立横断山天然植物园意见书》。当时的丽江县人民政府召开专题会议讨论植物园筹建事宜（《会议纪要》现存玉龙县档案馆）。"英雄所见略同"，和万宝在建设植物园问题上与周弦达成高度共识。他不但在考察期间从昆明赶到新主看望专家、指导工作，还组织召开专题会议，并在会上表示："建不成横断山天然植物园，我死不瞑目。"当时很少有人提及环保问题，在丽江几乎还没有旅游的概念，和万宝的先进理念令我印象深刻。笔者有幸成为考察队的成员（还有县林业局的高怀礼和木崇龙），跟随周弦不仅学会了采集制作标本，而且增长了不少植物知识，还认识和记住了上百种植物的名称及它们的所属种类，其中有两件事在我心中留下了深刻的印象。

新主的村民都知道山上有一棵"神树"，第一次丈量这棵树

的是新主完小的杨树荣老师，他拿着绳子量了树的周长，求得该树直径为一丈六尺二，村里的人也就把这棵树称之为"一丈六尺二"。周弦得知后就决定去考察这棵树。"神树"在离村子很远的山顶上，那里人迹罕至，一路上山高坡陡，往返需要七八个小时。做好计划后，第二天天一亮全体队员就出发。刚走到半路，忽然下起瓢泼大雨，很多人劝周弦改天再去，但他执意不肯。于是本地队员带我们抄近道，结果不幸途中迷路，当时已到下午4时，所有人员全身湿透，饥肠辘辘。"神树"挺立于万木丛中，像一个巨人缓缓向我们招手，但仍离我们很远。这时有人再三劝周弦改天再去，但他说爬也要爬到"神树"身边，回不去就在大树下住上一晚上。于是队员继续前进。傍晚6点左右，我们终于来到大树底下。当天考察记录如下："铁杉王"生长于海拔3225米的针阔叶混交林内，根据球果确认为云南铁杉，属松科植物，胸径4.32米，树高约25米（顶生部分已不存在），在离地约10米以上有5枝大的分枝（其中有2枝枯死），树身有三分之一以上的部分已无生命力，估计树干的髓部和大部分的木质都早已停止生理功能。树根的伸展面积估计不下100平方米，树皮苍老粗糙，基干瘤凸不平，站在树前，两眼平视而望，像是一堵岩壁立在面前。关于树龄，再无法详考，但可能有5000年左右。

　　因为这次考察，全世界都知道了云南丽江有这样一棵"铁杉王"，很多人慕名而来，听村民讲，树上插着多国国旗，可见很多外国人也来"朝拜"过。

　　1964年周弦来到这里时，这里还有成片的水青树。水青树是国家重点保护植物，因为进化十分缓慢，被称为研究古生物的"活化石"。但此次考察了很长时间，竟看不到一棵，仿佛回家乡看不到亲人和朋友，周弦非常失望。有一天，周弦看到一个条形淡黄色的东西附在河边一棵枯倒腐烂的树的树皮上，他捡起来仔细观察了一番，随即大叫起来："这是水青树的花瓣，周围肯定有水青树！"他把大家召集起来，介绍了水青树的特征，随即队员们朝东南西北四个方向分头查找。第一天一无所获，第二天继续进行，直到下午，我看到一棵跟周弦描述的相类似的树，就把他喊过来看看。他看到树便激动万分："就是它！就是它！"此树高三米余，枝叶茂盛，周围还生长着很多小树。为采集标本，他要我拿砍刀砍下一块，我用力砍下一大块，不料他因心疼树而朝我怒吼："你干吗砍那么深，要一小块就行了！"分析水青树大量消失的原因，周弦认为是因其枝叶有独特色味，牛羊特别喜欢吃，连树皮都啃，牧人就砍倒让牲畜享用，久而久之，它越来越少。他当即宣布：为纪念今天的重大发现，建成植物园后，要把这条沟命名为"水青树沟"。

此次考察发现：该地自然生长的野生植物计种子植物79科167属280种，已知列为国家保护植物的有18种。分布量大、种类最多的是杜鹃花，有50个属30余种。

实地考察结束后，几位专家分别撰写了《横断山天然植物园之筹建》（周弦）、《云岭东坡——丽江县新主的植被与杜鹃属植物的分布》（陶德定、吕正伟）、《丽江地区高山园林与种子植物名录》（吕正伟）等，其他考察队员也在中外报刊上发表了很多介绍植物园的文章。植物园因此逐渐被世人认可，各种旅游书籍和旅游地图上出现了新主植物园的名字和内容。

横断山区由于其特殊的地理历史原因，社会条件与自然环境优越，蓄积着繁多的特有植物种类，是举世罕见的植物种属宝库之一。但因这一地区面积较大，山高谷深，不少地方鲜有人迹，这使对这些植物进行深入的研究与利用有极大的困难。故在整个横断山区中选择一处交通比较方便、植物种类比较丰富，且环境多样、集中拥有全区特有植物的地方，开辟为横断山天然植物园，使之成为对植物资源进行研究利用的基地是十分必要的。根据以上条件，选择新主村云岭东麓山箐（海拔 2700—3700 米）作为园址，并确定建设该园以保存横断山区的特有属种植物使之成为进行系统植物研究、植物资源的开发利用的活材料库，并种植地产的名贵药材、花卉、果树与树种苗木，发展科学旅游事业，发挥山区优势，搞活地方经济。

横断山天然植物园具备三个功能：一是系统植物研究材料取得的基地；二是我国系统植物及有关植物学科教学的重要实习场所；三是国内外科学旅游和生态旅游胜地。

1999年：青山在人未老

年过七旬的周弦再次来到大树下，参与撰写了第三份《建立横断山天然植物园的建议》。

1999年6月，一位云南省委主要领导到法国考察参观一个植物园，该园园长提到了云南丽江的"铁杉王"。这位领导当晚从法国打电话给丽江地区行署专员和段琪说明情况，和段琪立即指示行署林业局邀请国内一流植物学家对新主植物园进行全面考察，其中第一个应邀且第一个到达丽江的就是周弦教授，随后好多位植物学家也来到了这里。到了新主，他坚决要去看大树，一位74岁的老人要爬那么陡的山，走那么长的路，能否到达那里，很多人表示担忧，但无人能够劝阻他。他一路谈笑风生，村里的两个青年人护卫左右，终于到达大树下，仿佛两位老朋友久别重逢，他高兴得手舞足蹈。在大树旁接受记者采访时，他十分幽默地指着大树问记者："它和我谁比谁老？"记者回答："它比您老，但您比它精神。"于是他侃侃而谈：台湾的"阿里山神木"只有3000岁，河南嵩山书园被汉武帝封为"大将军""二将军"的古柏也只有2700岁，我几乎走遍了整个横断山区，从未见到这么粗大、这么高龄的树，这是大自然创造的奇迹，它对研究横断山区生态、地形等变化历史具有重要历史价值。

此次考察取得了三个重要成果：一是对"铁树王"的树龄作出了科学测算，此树龄至少为3000年。二是在这棵大树周围，发现了胸径和树龄与"树王"相差不大的一批古树，从而定性为古树群落。三是对横断山天然植物园的性质作了重新定位。

周弦在相关报告上提出两个重要建议：

第一，建立一个保护中国自然遗产的天然植物园。

古树群落和珍稀植物是大自然留给人类的经数千年积累的遗产，不仅属于云南，属于中国，也属于世界，应该在我们这一代人的手上悉心保护，世代相传，这在自然历史发展的长河中，既是使命，也是贡献。铁杉古树群落将会成为滇西北旅游线上的一个闪光点。

第二，建立一个具有多种功能的创新型天然植物园。

国内外生态旅游和科学旅游的理想之地　植物园不足四平方公里的范围内，保存着千年铁杉古树群、国家级保护植物多种，新主天然植物园必将成为国内外对林学、植物分类学、生态学、园艺学、环境保护学感兴趣的旅游者的向往之地。

植物学研究与教育的基地　植物园除保存现有野生植物外，

还将逐步引种横断山区特有植物于其内，使之成为一个滇西北植物的展览园，为农、林、生物教学者，植物学基础研究人员提供回归自然的园地。

物种保护与发展经济结合的模式 天然植物园无疑也是一个自然保护点。在大约 3.2 平方公里的土地上，生长有十分丰富而古老的植物种，反映了这里是一个自然条件相对稳定的植物庇护所。保护的目的还在于为人类保存尽可能多的可供利用的种类资源，造福人类。植物园可以担当起这双重角色，它既可成为天然林保护的示范点，又可成为某些有资源永续利用的良好基地。

自然景观与人文景观相辉映的植物园 这里不仅有如上述的优越自然条件，而且是一个洋溢着浓郁古朴的东巴文化气息的"东巴之乡"。植物园建成后，新主将进一步对外开放，对东巴之乡的发展必会有直接的影响，同时东巴文化的奇光异彩也将吸引更多的游客来到植物园。

就是这样的一片山林，不知在此存在了几万年。在常人的眼里，它也许就是一片普通的山林，然而在学者的心中，它与自己的生命融为了一体。因为它是天然的，从而珍藏和揭示着返璞归真的真正内涵，是科学家寻求真理最终想要达到的最高境界。

就是这样的一个人，他走在人群中也许是再普通不过的一个人，然而他的执着几人又能与之相比？为建立一个植物园，40 年先后写了三次建议书，这也许会成为丽江的一段千秋佳话。在第三次的建议书上他还提议签上了所有参与学者的名字，这不仅仅是一个名字，而且是一份责任，一种精神，他们的名字不是写在纸上，而是融进了植物园所有花草树木之中……

努力建设长江经济带生态安全屏障

杨国清

筑牢长江经济带重要生态安全屏障，争当生态文明建设排头兵，是丽江继"十二五"之后，"十三五"发展的一大思路，本文就此提出几点思考。

一、习近平讲话为生态安全屏障建设指明了方向

长江经济带发展战略是关系到我国当前和长远发展的大战略，丽江是长江经济带的重要组成部分，服务和融入国家大战略，关系丽江发展的方向和未来。2015年1月习近平总书记视察云南时，要求云南要成为辐射东南亚的示范中心、民族团结示范区，做生态文明建设的排头兵，这些要求和融入长江经济带是一致的，是异曲同工，同一个目标。

2016年1月5日，党中央、国务院在重庆召开推动长江经济带发展座谈会，习近平总书记作重要讲话，为长江经济带的发展指明了方向。习近平总书记指出：长江是中华民族母亲河，也是中华民族发展的重要支撑，推动长江经济带发展必须从中华民族长远利益考虑，走生态优先、绿色发展之路，使绿水青山产生巨

大生态效益、经济效益、社会效益，使母亲河永葆生机活力。长江和长江经济带的地位和作用，说明推动长江经济带发展必须坚持生态优先，绿色发展的战略定位，这不仅是对自然规律的尊重，也是对经济规律、社会规律的尊重。长江拥有独特生态系统，是我国重要的生态宝库。当前和今后相当长一个时期，要把修复长江生态环境摆在压倒性位置，共抓大保护，不搞大开发。要把实施重大生态修复工程作为推动长江经济带发展项目的优先选项。把长江经济带建设成为我们生态文明建设的先行示范带，创新驱动带，协调发展带。

结合丽江市及金沙江流域生态环境保护的状况学习习近平总书记重要讲话，给了我们许多启示，更加坚定了保护母亲河的一种责任担当。首先，推动长江经济带发展要坚持一条生态优先、绿色发展之路。这是从中华民族根本利益、长远发展所得出的科学结论，是长江经济带持续健康发展的必然要求，也是保护长江生态环境的实践和正反经验中反复检验的结果。其次，共抓大保护，不搞大开发。长江生态的修复是当前最紧迫的任务。这就要求各地着重抓好保护修复生态环境项目和工作，因此带动生态保护和修复真正落到实处。再次，长江生态的保护和修复要结合各地实际情况，总结成功的经验和做法，充分发动广大人民群众参与其中，发挥各地的特色优势，树立生态文明建设的示范地区和典范。此外，让国家保护长江经济带生态环境的政策措施更加完善，更加符合实际，使人民群众有更多的获得感，让致力于长江生态环境保护的上游地区和沿江各族人民得到实实在在的利益和好处。

通过学习习近平总书记的深刻论述，给我们提出一个问题：

丽江要如何融入长江经济带发展的大战略？笔者认为，丽江作为长江上游对生态保护具有战略意义的区域，要把握所处的历史方位、历史性机遇，发挥自身特殊优势，积极融入、主动融入、努力打造和建设长江上游良好生态安全屏障，争当生态文明建设排头兵。这是丽江与时俱进、顺势而谋的最明智选择。

二、青山绿水的良好生态是生态安全屏障建设的底色

长江上游金沙江与丽江和纳西族有着天然的联系和生生不息的渊源关系。从自然地理等角度讲，丽江对长江中下游的繁荣及其文明有着重要的意义。纳西族长期以来就在金沙江流域繁衍生息，金沙江古时称为丽水，唐代又称为磨些江，从汉晋在川西时期或到唐代是纳西族在金沙流域繁盛时期，这条江见证了纳西等民族的发展进步和历史的变迁。金沙江和澜沧江、怒江从青藏高原由北向南奔腾而下，只有金沙江到了丽江石鼓突然转向东北，这就是著名的Ｖ字形的长江第一湾，继而在玉龙雪山和哈巴雪山之间穿过，形成著名的世界大峡谷虎跳峡，然后一路高歌向东流去，从而造就形成了富饶的长江中下游区域和文明。有专家学者提出"湾育华夏"的说法，这是很有道理的。

丽江因长江上游金沙江而得名，处在由南向东转折的重要地段。长江发源于世界屋脊——青藏高原青海境内唐古拉山脉各拉丹东大冰峰，流经青海、西藏、四川、云南、重庆、湖北、湖南、江西、安徽、江苏、上海11个省、自治区、直辖市，于上海崇明岛以东吴淞口注入东海，全长6380公里。长江发源地段称为沱沱河，全长374公里。当曲口以下至青海玉树境内的巴塘河

口，称通天河，全长815公里。巴塘河口至四川宜宾岷江口称为金沙江，全长2308公里，因盛产黄金而得名。金沙江流经丽江域内615公里，九曲回绕，把丽江团团环抱，滋养了这里的各族人民。丽江约占有金沙江的四分之一，长江的十分之一，又处在生物多样性的区域，对长江生态保护作用非同一般。这里高山峡谷、青山绿水，到处郁郁葱葱，森林覆盖率达70%以上。改革开放以来，1994年的滇西北旅游规划会议，就明确提出丽江要停止天然林开发，保护森林资源，之后坚持保护优先、实施退耕还林的政策，放弃了"木头经济""木头财政"，砍树人变为种树人、护树人，生态恢复良好。就长江上游而言，丽江和滇西北这个区域的生态状况是最好的。丽江金沙江流域，又是"三江并流"世界自然遗产的核心部分（"三江并流"共8个区域4.1万平方公里），具有典型的代表性。这个区域由于未受第四纪冰期大陆冰川的覆盖，加之区域内横断山脉为南北走向，因此这里成为欧亚大陆生物物种南来北往的重要通道和避难所，是欧亚大陆生物群落最富集的地区。这一地区占我国国土面积不到0.4%，却拥有全国20%以上的高等植物和25%的动物种数。这里被称为"天然高山花卉园"和生物多样性富集地区。每年春暖花开，会有许多不知名的奇花异草，可观赏到20多种杜鹃，近百种龙胆、报春花、绿绒蒿、先蒿、杓兰、百合、牡丹等野生花卉。区域内还栖息着滇金丝猴、羚羊、雪豹、黑颈鹤等77种国家级保护动物，还有秃杉、楗木、红豆杉、桫椤等34种国家级保护植物。

丽江域内存有典型的高原冰蚀湖群，比如老君山九十九龙潭，有国际湿地拉市海区域，中国最美丽最明净的高原淡水湖泊泸沽湖，天然生长螺旋藻的程海湖，还有长江第一湾、虎跳峡、宝山石头城、"元跨革囊"遗址等自然人文景观。

丽江又是生态保护起步最早的地方之一。改革开放以来,丽江选择旅游产业作为先导支柱产业,高度重视生态的保护和民族文化的保护,率先实施对玉龙雪山和老君山的森林资源保护。"十二五"以来,以"两山三湖一江一城"(玉龙雪山、老君山,泸沽湖、程海、拉市海,金沙江,丽江古城)为重点,合理布局生产生活生态空间,着力建设生态安全屏障。同时丽江作为滇西北生物多样性保护的重点地区,积极贯彻实施云南省生物多样性保护行动计划,多年来已取得良好效果。2008 年 2 月 21 日,滇西北生物多样性保护《丽江宣言》发布。

三、独特的民族生态文化是生态安全屏障建设的根脉和魂魄

长江和黄河一样是中华民族的母亲河,哺育了中华民族的繁衍生息,也造就了灿烂的长江文明。金沙江流域是 16 个民族的聚居地,是世界上罕见的多民族、多语言、多宗教、多种风俗习惯并存的地区。金沙江流域是古人类的发祥地之一,有"元谋人""丽江人";该流域发现的古岩画,是人类古岩画的优秀代表之一;还有古老的东巴文化、母系大家庭文化、茶马古道文化,众多的古镇古村落;等等。学者季羡林认为,东巴文献是用图画象形文字记载了人类起源及人与大自然关系这一主题的文献。纳西族东巴古籍文献中所记载和诠释的古老民族生态文化,是纳西族先民古老智慧的结晶。长期以来,这一宝贵的生态文化理念运用于纳西族先民生产生活中,在实践中逐步形成了约定俗成的社会行为规范,在广大民众中深深扎根,传承至今。这对保护纳西

族地区，即金沙江流域生态环境起到了极其重要的作用。其内涵主要表现在以下三个方面：

第一，崇尚自然、敬畏自然、尊重自然，认为人类与自然是平等的，把自然界看成是人类的手足兄弟。"一胞两兄弟，血脉相通连"，和谐相处则两利，相互伤害则两败俱伤。既然是平等的亲兄弟，人类对自然界不能随意伤害和破坏。

第二，人类要善待自然界，顺应自然，做有益于自然界的事，损害自然、破坏生态，会遭受自然界的报复。这也是东巴经中说的"人类要主动讨好署类（自然界），友善对待署类，主动维护署类利益"。东巴古籍文献《祭署、不争斗、又和好》中指出，人类和署类发生矛盾是人类引起的，人类在不断伤害自然界，而自然灾害是署类对人类的报复。互相理解、遵守共同约定的规矩、主动呵护自然才能和谐共处，相安无事，达到人与自然的平衡。

第三，东巴古籍文献中指出人类是欠署类的债的，人类从自然界得到很多东西，人类生产生活和发展进步离不开自然界的恩惠，所以人类要不断偿还各种欠债。人类开展祭署活动就是向自然界表示忏悔给署类给予必要补偿的行为。

丽江古城是纳西族先民创造的人与自然和谐相处的一个典范。依山就水的自然布局，古城与周边山水的和谐一体，古城的水系河道、绿树鲜花、蓝天白云，古城居民养花种树、爱水护水、美化环境等，构成人与自然和谐相处的美丽画卷。

纳西族独树一帜的优秀传统生态文化是中华生态文化中的精品，也和中华生态文化一脉相承并具有独特性，是以崇尚自然、敬畏自然、呵护自然、补偿自然、顺应自然，保护与利用相统一的，是纳西族生态文化和文明的核心理念。这是人与自然和谐共存共荣协同发展的文化,是"天人合一""道法自然""尊重规律、顺应规律"的生存智慧,也是"仁爱万物、协和万物、生生不息"的道德情怀,深刻揭示了自然生态系统与人类之间的整体关系。在这一文化理念的引领下,在生产生活实践中,在纳西族民间社会形成了约定俗成的规范和制度。

千百年来在纳西族地区持久深入开展的东巴祭祀活动,是祭祀大自然、忏悔和补偿人类对大自然伤害的行为。这也是纳西族地区全民参与的民俗活动,是对全民进行的生态环保教育与警示活动,从而形成了保护自然、建设环境、美化环境的良好社会风气和道德习俗。

现在的纳西族地区普遍形成了管护森林、防止森林火灾和救护的制度;村村寨寨形成了保护水源和用水放水管水的制度;形成了保护生态环境的奖惩、监督制约制度;形成了村民植树造林、养花种花、美化村庄庭院的良好民俗。金沙江流域良好生态环境的状况也说明,纳西族生态传统文化转化为卓有成效的实践活动,对保护生态环境产生了重大的影响和作用。这一传统文化和今天的社会主义生态文明的理念要有机结合,实现创造性转化,更好地为长江上游生态安全屏障建设服务。

四、生态安全屏障建设要勇于创新,惠及广大百姓

丽江要争当生态建设的排头兵、努力建设长江经济带重要生态安全屏障和长江生态保护先行试验示范区。同时通过长江生态环境保护、生态屏障建设,为丽江市 615 公里金沙流域的各族群众带来实实在在的利益和好处,充分体现"绿水青山就是金山银山"的理念。

要积极争取和落实国家对长江生态保护的几项政策措施的支持。要争取把丽江作为长江上游生态保护的试验示范区。要争取"建立健全国家生态保护补偿机制"。丽江等长江上游地区为保护生态已作出重大贡献，要将国家已明确通过资金补助、转移支付、产业转移、人才培训、共建园区等形式进行生态补偿的措施落到实处。还要争取长江经济带基础设施建设和生态功能区的政策、新一轮退耕还林政策、生态保护和生态修复工程项目资金等等。

针对长江上游生态安全屏障建设中存在的问题，要补好短板，加大保护的力度。比如我们要进一步加大森林覆盖率，做好防止水土流失的工作。坚持封山育林和人工造林并举，宜封则封，宜造则造。金沙江干热河谷地段森林覆盖率低，植被差，水土流失严重，应将这些地方列为重点。其中华坪县建设全国最大晚熟芒果基地，玉龙县大具、奉科等地探索种植油橄榄、软籽石榴等适宜树种的做法很好，生态和经济效益双赢，是一个好经验。要提升森林城市建设的水平，城市周边都要绿起来，保护面山、保护水源，丽江还要争取建成国家生态模范城。丽江市的国家公园建设起步早，这个模式已得到国家的肯定，我们应该在现有基础上有所增加扩大。在高原湖泊和湿地保护方面也要有所作为，现在还面临着不少的问题和危机，比如拉市海湿地保护任务繁重等。在环境整治、防污治污方面也要重拳出击、铁腕治理。

丽江要建设成为高水平的国内外游客向往的旅游目的地，成为环境优美、文化灿烂、人类宜居的地方。青山绿水、蓝天白云、小桥流水、四时鲜花，让山水、田园、村庄、城镇各美其美，美美与共。

要着力发展生态产业、绿色经济。我们要认真贯彻创新、协调、绿色、开放、共享的发展理念，特别是要坚持走生态优先、绿色发展之路。树牢"绿水青山就是金山银山，良好生态也是最大财富"的思路。让绿水青山和良好生态产生巨大生态效益、经济效益和社会效益，造福丽江各族群众。滇中引水工程在石鼓取水，这是云南的第一号工程，也是长江上游的大项目，一定会给丽江各族群众也带来实惠。我们要争取更多政策和资金的支持，使大项目真正惠及百姓。丽江要大力发展生态产业、生物产业、文化产业、旅游产业、水能产业、林下产业等等，这些产业有利于长江上游生态保护，本身也有很大的发展潜力和空间，可以大有作为。我们相信，通过实施绿色发展可以让丽江加快实现全面小康的目标。